OHSAMA BUNKO

女が歓ぶ「口説き」の法則

志賀 貢

はじめに――女に「この人とHしたい」と思わせるテクニックとは？

モテる男とモテない男は、たしかに存在する。しかし、モテる男が、必ずしも人並み以上のルックスや財産をもっているわけではない。こんなことは、まわりの「モテる男」をちょっと観察すれば、すぐわかるだろう。では、モテる男とモテない男の違いとはいったい何だろうか。

女性を口説くため、はっきり言えば女をセックスに誘うためには、いろんな手順を踏んでおく必要があるが、その際に大事なことは、女の生理と心理に潜むウィークポイントを巧みに攻めていくことだろう。なぜなら、生理学的に見ると、女は男と異なり、男から言い寄られたり、刺激を受けたりしないかぎり、自分から欲望を高めていくことがあまりない〝受動的な動物〟だからだ。

それゆえに、女をその気にさせるには、デートに誘い出す、唇を奪う、口説く……

など、男はつねに攻撃的にふるまう必要があるのだが、こうした際に女の弱点を知っておくと、じつに効果的にふるまえるのである。

たとえば、唇を奪うとき真正面から迫ると、女は心理的な抵抗感を無意識のうちに働かせて拒否しがちだが、背後から抱きかかえるようにすれば、女の防衛本能が生じにくくなり、自然とそれを受け入れる可能性が高くなる。

また、女性は肉体が高ぶってくると、冷静な判断力を欠きやすくなり、男性の口説き文句を受け入れる確率が高くなるが、そのためにはデートの最中に、それとなく彼女の手を握ったり、肩や腰を抱くことが、彼女の心と体を刺激するのに効力を発揮する。

これらは、女のウィークポイントを巧みについて、彼女との〝愛〟を確認するテクニックの一例だが、この本では女の心理と生理を医学的に分析して、このような女を口説くために効果的な方法をすべて紹介してみることにした。

女とは受動的な動物であるために、その心理と生理のリズムに合った攻め方をされると、男のどんな要求も無意識のうちに受け入れてしまうものだ。ここに紹介したような女のウィークポイントと、その攻め方を知っておけば、どんな難攻不落の女も必ず落ちるにちがいない。彼女と恋人の関係を作りたいと心から願っている人も、その思いを間違いなく達成できるはずである。

なお、私は以前にいくつかの著書で、女の生理と心理をつなぐダイナミズムにメスを入れてみたが、その後、数多くの読者から予想外の反響をいただくことになった。読者から送られてきた手紙の中には、女性の人からのものも少なくなく、この本で紹介したような女の弱点を攻める際に参考になると思われるものをいくつか、体験告白として、あわせて紹介しておくことにした。

ともかく、女を誘って、口説き、脱がせ、歓ばせることは、男性にとって最大の生きる喜びである。この本を読んで、世の男性にその喜びを深く味わっていただければ、と心から願う。

志賀　貢

女が歓ぶ「口説き」の法則◇目次

Step2 女に男と寝たいと思わせる30の法則

――彼女ともっと「深い仲」になるとっておきの方法

Step3 女がいつのまにか体を開いてしまう30の法則

——「今夜は絶対モノにしたい!」ときの攻め方・口説き方

Step4 女の性感を高めて我を忘れさせる22の法則

——女に強烈な快感を与えるテクニック！

Step5 女を虜にして思いのままにする29の法則

——モテる男になるために絶対必要な知識とは？

本文イラストレーション　印南リサ

Step1

女心にもう一歩踏みこむ誘い方30の法則

――デートの誘い方からつきあいはじめまでを完全攻略!

7 こんなとき、女は男の誘いにフラッと乗ってしまう

女は男と二人だけでいると、無意識のうちに肉体が性的に高ぶってしまう。ところがそれに反して、心理的には警戒心が強まっているため、行動は憶病で慎重になり、男の誘いにも乗りにくい。男性にとって皮肉なのは、この女の警戒心が解けるのが、男と別れた直後であることだ。

だがこの場合、警戒心は消え去っても、性的な高ぶりだけはそのまま放置されるから、この空白の時間は、女は心身ともに、じつに不安定にならざるをえない。

この女性の特質をうまく利用すると、女はあっけなく陥落してしまうことがある。デートのあと、彼女を家まで送り届けてから、数分の空白を置いてふたたび電話をかけ、「今夜はもう一度つきあってほしい」と強く要求する。そうすると、彼女の警戒心は消え去っているが、性的には高ぶったままなので、たまらず男の誘いにフラッと乗ってくることがある。この手は意外と効果的だ。ただしそのためには、最初のデートのあいだに彼女に強く言い寄り、伏線を張っておくことが必要だ。彼女を適度に刺激することによって、二度目のアタックを容易にするのである。

2 女が抵抗できなくなる「手軽にさわれる性感帯」とは？

まだ女の扱いに慣れていない男は、二、三回デートした程度で、突然彼女を抱きしめたり、キスしようとしたりすることが多い。しかし、何の前ぶれもなくいきなり迫られては、どんな女でもこわがって逃げ出してしまうのはあたりまえだ。女に自分から進んで体を開かせるには、それなりの段階を踏んでおくことが大切だ。

最初から彼女と肌を全面的に接触しようとしてもそれは無理というもの、まずは、セックスの匂いのしないよう、あっさりと彼女の肩を叩いたり、手をとったりという小接触から始めるといい。

また、生理学的に見ると、女の性感帯とは触覚の変形と考えられるが、触覚神経は毛の生えている場所に数多く存在する。といっても、いきなりさわれるところは限られているから、とりあえず、うなじや、髪の毛、耳のつけ根など、うぶ毛の多いところを、ことあるごとにさわってみるのが効果的だ。こうした小接触を数カ月前からこまめにくり返していると、いつのまにか女性の意識も変わってきて、いざ肩を抱かれたり、腰に手を回されたりしたときに、強くは抵抗できなくなる。

3 女に次のデートを心待ちにさせる「別れ際の一言」

彼女との別れ際には、必ず、彼女に次のデートを期待させるような言葉をかけてやるといい。「今度はおいしいフランス料理をごちそうするよ」とか、「次のデートは、キミの誕生日だから、期待していいよ」などと、次回のデートに対する想像力をかきたててやるのだ。たいていの女性は、その一言だけで、無条件に次のデートを心待ちにするようになってしまう。

さらに、初めてのキスなど、彼女が肉体的に高ぶらざるをえない体験をしたデートのあとなら、「今夜はこのまま帰すけど、この次はわからないぞ」などと冗談めかして言う。すると、彼女は無意識のうちに期待感をかきたてられ、欲望がふくれ上がるのを押しとどめられなくなる。とくに、生理前後の精神的、肉体的に不安定な時期には、女は自分を理性的にコントロールできなくなり、意外なほどあっけなく男の前にその心と体を投げ出してしまうことが多い。いったんセックスを想像してしまうと、そのことが頭から離れなくなり、たまらず実行してしまうわけだ。

絶妙のタイミングを狙えば、この殺し文句は一層効果的になる。

女の無言のOKサインを読む①
こんなとき、彼女は欲しがっている

彼女の方から腕を組む

そわそわと足を組み替えたりする

4 口説きの成功率を高める「視線」の使い方

目は口ほどにものを言いとは、昔からよく言われている言葉だが、たしかに目には人間の感情を強く相手に訴える力がある。女は恋する男の前では、黙っていても、見つめるだけで十分に高揚感を感じるものである。占い師たちは、この女の性質を利用して、女の目をじっと凝視しながら占い、女性の気持ちをつかみとるのに長《た》けている。ところが、気の弱い男は、女をじっと見つめることができない。ついつい相手から視線をそらして話をしようとする。相手の女と視線を合わせていると心理的に圧迫を感じるからだろうが、それでは女は男に愛想を尽かす。

女は男から視線をそらされると、そこに男の「逃げ」を感じてしまう。ひどい場合は、「この人は、私を避けているのかしら」と、不安になってしまうことさえある。こうなると女は男に対して、心のなかに垣根を作ってしまう。それでは男の発する言葉は、説得力が半分以下になる。女を口説くときは、女の目を正面から見すえて迫るのがいい。それに抵抗感を抱く女もいるが、いったん視線を強くとらえてしまうと、女は男の言うことにグイグイひきずられてしまうものだ。

5 女に〝最後の一線〟を越えさせるものとは何か？

女性が強くなったと言われる現在でも、彼女たちの潜在意識の中には、強い男に征服されたい、服従したいという願望が潜んでいる。女が男と寝たいと思うのは、まさにこの願望が刺激された瞬間なのである。それを理解せず、女の理性を尊重して優しく扱うだけでは、いつまでたってもベッドをともにする関係にはいたらない。彼女と最後の一線を越えることができずに、単なるお友だちの次元でとどまっているケースには、このような誤解が多いのである。

たとえば、怒るときなどはその最たるものだ。理性的存在である男は、怒るときでも言葉で相手を説得しようとする。しかし、女は感情的存在であるから、理屈ではわかっても、感情が伴わないと絶対に納得しようとしない。そんなときは、乱暴な話だが、怒鳴りつけたほうがよほど効き目がある。男女間のかけひきでは、この法則は大いに活用したほうがいい。彼女がデートに遅れたときなどは、いかに自分が思いつめて待っていたかということを匂わせながら真剣に怒ってみせると、女はそこに真実を見いだすものなのだ。

6 女が自然に身をゆだねてくる「暗示テクニック」

どんな女でも、一日最低一〇分から二〇分は鏡を見ているはずだ。朝起きて顔を洗うとき、出がけに化粧をするとき、そして夜寝るまえに化粧を落とすときの三回は自分の顔を見つめる。しかし自分の顔が気に入っている女は少ない。鼻の形や口、アゴの線など、どこか気に入らない箇所があるものだ。

そのような女に向かって、美しい、というほめ言葉は逆効果をもたらすことがある。かえって自分の欠点が思い出されて、欠陥を指摘された気になるからだ。

ところが、不思議なことにその言葉を何十回、何百回とくり返されると、しだいに暗示的な効果を発揮して、女は、それほどまで言われるのなら、自分は本当に美しいのではないか、と思いはじめる。というのも、聴覚が〝美しい〟という心地よい刺激を受けているうちに、理性的な思考が麻痺してしまうからである。

そして、女がほめ言葉を素直に受け入れるようになったということは、男に体を許してもいいと考えはじめている証拠だから、そのときに口説けば、女はもはや抗《あらが》うことなく自然に誘いの言葉に身を任せてしまうはずである。

7 クルマが女を落とす強力な武器になる理由

それまで女にモテなかった男が、クルマを買ったとたん次々に女をモノにするようになったという話はよく聞くケースである。クルマが女を口説く強力な武器になる理由は、次のような生理学的なメカニズムが女の体に作用しているからだ。

クルマの振動を足や腰で受けると、性器に集中している感覚受容器を刺激する。それが大脳皮質に快楽として伝えられ、性欲を導く誘い水となるというわけだ。が、振動ならなんでもいいというわけではなく、ノロノロ運転のゆっくりした振動は、ちょうど通勤電車のように眠気を誘うだけである。逆に小きざみで速すぎると、ジェットコースターのように恐怖心をあおってしまう。

私の調査では、およそ時速八〇〜一〇〇キロで走る高速道路がいちばんいいようだ。同時にカーステレオから流れるテンポの速い音楽が耳からの振動として大脳に伝われば、相乗効果を発揮して、女は抑えきれない衝動に体の内側から突き上げられるだろう。そうなったら、クルマをモーテルに乗り入れても、女は素直にしたがわざるをえなくなっているはずだ。

8 「手を握る→肩に手を回す→腰を抱く」というプロセスの進め方

女の体に触れるきっかけをいかにつかむかがわからないと、いつまでたってもただの友だち以上に発展することはない。そのきっかけづくりに頭を悩ます男も多いかもしれない。しかし、女というものは、男との関係を一気に飛躍させることは、生理的に受け入れにくい存在である。あとで思い返して納得がいくプロセスをひとつひとつたどることができない男女の関係は、破綻もまた急激にやってくることを本能的に知っているためだ。

女の体に触れるには、相手が興味をもち共感するような話題を選んで話しかけながら、さりげなく肩に触れると、もっとも抵抗なく受け入れられやすい。このようにすると、仲間意識の方が強くなり、女は男に触れられているという意識をもたないからである。ちょうど、歌をうたったりするときに隣の人と肩を組むのがごく自然なように、話に共鳴しているときは、肩に触れられても当然のように感じるわけだ。このきっかけさえつかめば、やがて、肩に手を回す、腰を抱くという進展も、もはや時間の問題でしかなくなるのである。

女の無言のOKサインを読む②
こんなとき、彼女は欲しがっている

ジュースを直接ビンの口から飲む

肩や背中など体に触れようとする

9 「ただ手を握るだけ」で女の性感を高めるツボがある？

女の触覚は、意識と密接な関係にあり、女の触覚が男に慣れていくと意識もそれと同じように慣れていく。女はふだんから、自然にさわられることの多い相手には、無意識のうちに、精神的に慣れ親しんでしまうのである。だから、女性とデートするときは、できるだけ彼女と肌が接触するようなチャンスを、自分ずから作り出すように努力するといい。

もちろん、それは自然なかたちで行なわれなければならない。彼女が水たまりを通ったり、クルマから出るときに手を貸すなど、無理なく手をつなぐ機会を逃さないことだ。そして、何度も手に触れているうちに、必ず手を握り合うチャンスがくる。

そのときは、ただ漠然と女の手を握っているだけではダメだ。ころあいを見計らいながら、彼女の指にあなたの指をからませて、微妙に力を入れてみたり、手のひらを優しく撫でてやるといい。とくに、手首の手の甲の側には漢方で「陽池《ようち》」というツボがある。ふだんは気がつかないが、このツボは女性の性感帯のひとつだ。そこを軽く押しつづけると、彼女の性感を無意識のうちに高めることができるはずだ。

10 女が断りきれなくなるデートの誘い方

女性は自分の欲求を、遠まわしな言い方とか、サジェスチョンを与えるような形で男性に伝えたがるものだが、そのくせ当人は、もってまわった思わせぶりな態度を男性がとることを嫌悪するという、困った習癖をもっているようだ。

だから女をデートに誘うときは「ボクとデートしないか？」とズバリ切り込んだほうが成功率が高い。遠回しにウジウジと思わせぶりな迫り方をしていると失敗する。正面から堂々と頼みごとをされると、女もそうたやすくは断りきれないものだ。相手が好意をもってさしのべてきた手を冷たくふり払うというのは、心理的にかなりの負担だからだ。

また、女性は男性に、自分にはない男性的なものを求めている。単刀直入なデートの誘いは、その男性的なるものの象徴のひとつである〝力強さ〟をイメージさせる。とくに、デートに誘う電話などはできるだけ手短に、三分以内に終わらせることが大事だ。グズグズと話を引き延ばしていると、女性に断りの口実を考えるひまを与えてしまう。こうしたことは一気に、たたみかけた方がいいと覚えておこう。

11 初めてのデートには、どこに誘えばいい？

デートというと、たいていの男はまず第一に、ムードあふれるもの静かな場所を選ぼうと気をつかうものだ。たしかに、かなり親しくつきあってきた相手なら、そうした気配りは非常に有効で、それによって、それまでのモヤモヤしたものがふっ切れ、いっきょにセックスへということもあるにちがいない。

しかし、こと初めてのデートとなると、話は別である。というのも、初めてのデートとなると、女性の緊張感はかなりのものであり、そこへムードあふれる静かな場所ときては、緊張感が高まりこそすれ、低くなることはないからだ。むしろ、こんな場所で自分の欠点をさらけ出してはいけないという気持ちがプレッシャーになって、リラックスできなくなってしまう。

初めてのデートには、変に気取ったところへ行くよりも、人がいっぱい出入りしているような繁華街の、ごく平均的な喫茶店に入る方がはるかにいいだろう。そういう場所なら、気持ちもリラックスすることができ、ことによっては、初回でセックスという〝おいしい日〟にめぐりあえる可能性も生じてくるにちがいない。

12 女との距離感をもっと近づける「声の掛け方」

女は自己中心的な動物だとよく言われるが、それはあまり正確ではない。女はむしろ他人本位だ。人の目から自分がどう見えるかとか、流行に遅れていないかとか、ほめてもらえればウソでもうれしいなど、女の発想にはつねに他人の目、他人の評価が影を落としている。男の発想は「オレはオレだ。勝手にやるさ」だが、女は「みんながなんて思うかしら」なのである。

これは、女の自我が、男に比べて不完全なためだ。女はつねに、その不完全な自己を補う形で男を求めているのである。したがって、女は特定の男から「ボクたち」と呼ばれる関係になることに、限りない渇望を覚える。「キミ」と「ボク」という個人と個人の関係は、女にとっては冷たすぎて耐えられないものだ。

女の心をつかむには、「私」「あなた」という言い方よりも「ボクたち」という言い方を多用するといい。その方が、女は自己の欠落感を、相手の男に埋めてもらっている充足感をもてるからだ。ただし、それは相手によりけりで、とくに自我や個性の強い女に対して「ボクたち」を連発すると、なれなれしいと思われてしまう。

13 女をほめて気分よくさせる「口説き方」

女の言語感覚はつねに直接的、具体的である。「犬」と言えば、犬一般よりは自分の家のポチを思い出し、「クルマ」と言えば、自動車一般よりは彼氏の乗っているフェアレディZをイメージする。これは、女の言語が自分の体験を離れた普遍的・抽象的な高みへとのぼらず、直接的、特殊的なところにとどまろうとするためだ。

この女の特質をよく知っておくと、上手な口説き方ができる。たとえば、「キミの肌は雪のように白いね、まるでブライダルベールの花のようだ」とか、「キミの頭の回転はスゴイね。まるで日本版ヒラリーだよ」と、現実にあるもの、見えるものとの比喩を多用して女をほめると、女は具体的なイメージを喚起され、そのほめ言葉に納得することが多い。それに対して、「キミは肌が白くて美人だね」とか、「頭がとってもいいね」などと抽象的に言っても、実際にそれを感じとる手がかりがないので、女は悪い気はしないまでも、口説き文句のインパクトが落ちてしまう。

女には理屈が通らないとあきらめるのではなく、女が感動しやすい〝女の言語〟で話してやれば、女はたやすくその言葉を受け入れてしまうのである。

知らないうちに彼の言うままに……。

主人にはないしょですけど、私は主人と結ばれる（肉体的に）まで、主人をそれほど愛していたわけではありません。とりたててかっこよくもないし（むしろブ男です）、学歴もないし、積極的につきあう理由は何もなかったのです。

そもそもつきあうようになったのだって、彼が何度もしつこくデートの誘いをしてきたからです。つきあっているあいだも、この人と結婚しようなんて気持ちはぜんぜんありませんでした。それが、どういうわけか彼の誘いに応じて、体を許してしまったのが、彼と結婚することになった大きな理由です。

いまでも不思議なんですけど、私は夫にフラフラッと体を許してしまったのです。あれは忘れもしない十月の終わりごろ。その日、私は彼と居酒屋で夜の十二時ごろまで飲みました。少々フラつく私を、彼は私のアパートまで送ってくれ、さっさと帰っていったのです。着がえてふとんを敷き、さあ寝ようかというとき、突然電話がかかってきました。「またキミの顔が見たくなった、出てこないか」というのです。私、なんだかフワフワした気分で、彼の言うままに出ていってしまいました。

その夜、私と夫は、夫のアパートで結ばれました。夫とはそれから二カ月目にゴールイン。いまでは二男一女の母親です。もちろん、夫を大事に思っています。男が見かけではないことをいやというほど教えてくれたのは、いまの夫なのです。

14 なぜ「格式のあるレストラン」に女は弱いのか？

格式のあるレストランで食事すると、誰でも心理的な圧迫を感じるものだ。マナーを間違えていないか、ボーイにバカにされたのではないか。あげくに、他の客がみんな自分より偉そうに見えたりする。「そんな堅くるしいところで食事したって、ちっともうまくない。どうせ食べるなら、気楽に行けるところの方がいいや」と誰でも考えるのは当然である。

しかし、女のハートを射止めたいなら、高級レストランへ二度、三度と女をエスコートすることをお勧めしたい。女性は生来の憶病さから、格式あるレストランへ入ると男性以上に心理的な圧迫を感じ、不安になってしまう。そんなとき、スマートにふるまう男性がそばにいると、女はどうしてもその男性を頼もしく思うものだ。そして、一度依存心を抱くと、女はすっかりその男性を頼りきってしまうようになる。

そのためには、女をエスコートする前に、男性の方がそのレストランの事情に通じておくことだ。一人で行って何度か食事しておくといい。やれマナーだ、格式だといっても、問題はいかに場慣れしているかだ。そのくらいの投資は必要だろう。

15 ここをほめれば、女は必ず心を許す！

女はほめるに限ると、バカのひとつ覚えのように「キミは美しい」とか「キレイだね」というほめ言葉を連発する男があるが、あまり効果的とは言えない。すでに述べたが、いくら「美しい」と言っても彼女はピンとこないのだ。「美しい」というのは抽象語である。女は男と比べて抽象能力が弱く、目で見え耳に聞こえるものでないと認識しにくい。だから、何がどういうふうに美しいのかを具体的に指摘してやらなければ、ほめ言葉を実感として受け取ることができない。

女をほめるときは、「キミの鼻の形は薄くて上品だ」とか、「髪がつややかでキレイだよ」とか、「くちびるが柔らかそうで、ステキだ」と顔の部分品をことこまかにほめてやるといい。その方が女はずっとリアリティを感じる。かりに、どうしても美人という言葉が使いたかったら、「女優の○○によく似た美人だね」などと、実際にいる具体的な人物をひきあいに出しておだてるのもいい。これは不美人でも同じだが、とくに美人は子どものころから「美人だ、かわいい」と言われているので、このように直接的にほめられると新鮮に感じ、つい心を許してしまうことが多い。

16 いつのまにか親密な仲になれる「気のつかい方」

つねに注目を浴びていたいというのが女の特質だ。男が自分のちょっとした変化、たとえば髪型や化粧の仕方などを変えたり、すこしやせたりといったことに気づいてくれるのは、女にとって大きな快楽だ。また、そのようなこまごましたことに注意を払ってくれ、興味を抱いてくれる男のこまやかな神経は、女にとって、たまらない魅力だ。なぜなら、女は、「ああ、彼はいつも私に注意を払っていてくれる、興味をもっていてくれるんだわ」と実感することができるからだ。

女はこうした繊細さをもつ男性に、強い親密感を感じる。彼が優しくて頼りになる男だからだ。彼のこまやかさは、彼女の気持ちをときほぐし、彼女を優しく包みこむ。そして、こういう男にならなんでも話せそうだと、女性は、積極的に体を寄せる。

だから、男性は、女のこまやかな変化にたえず気を配り続ける必要がある。よく注意していると、女は毎日変化している。その変化を的確に読みとり、それに注目していることをアピールしてやれば、彼女はいやおうなしに、その男性を意識せざるをえなくなるのである。

17 言葉ひとつで女をうっとりさせる方法とは？

女と話していて、話題に熱心に乗ってくるときは、彼女はすでに、生理的に高ぶりはじめていることが多い。女性は、生理学的に見て、言葉と体の反応が一体化している。つまり、言葉で感情をくすぐられやすいわけで、女にとって、気持ちのいい会話が続くときは、感情も陶酔しやすいのである。

すなわち、彼女に対する同意、共感、とくに賞賛の言葉が多い会話が続くと、女は知らずしらずのうちに、ついうっとりとしてしまうわけだ。

医学的には、これは触覚がもたらす性感の一種なのではないかと言われている。まだメカニズムがよく解明されているとは言いがたいが、実際にその働きがあるのは事実だ。そのメカニズムをうまく応用してやれば、女の心は自然に男性になびいてこざるをえない。女が話に乗りやすいように、女の趣味や好みをよく事前に調べ、女が興味を示しそうな話題を徹底的に研究して、しっかり用意しておくといい。

ただし、この場合、いくら自分が気に入っているからといって、自分の好きな話題を一方的に押しつけないよう注意したい。

18 「この人なら抱かれてもいいな」と感じさせる男のファッション

たまにお目にかかるのだが、若い男性の中には、何日もはきっぱなしのGパン、汚れきったスニーカー、えり首の黒くなったシャツという格好で、平気な顔で外を出歩いている人がいる。こうした不潔な印象をふりまく男は、女にとって、セックスの対象となりがたい。不潔感が彼女に汚いセックスを連想させてしまうからだ。

男にとってセックスは汚くても平気だが、女はきれいなセックスを望むものだ。というのは、女は、汚いセックス↓愛のない、欲望だけの、遊びのセックスと連想してしまうからである。当然、男は女に対して一瞬たりとも不潔感を与えてはならないわけだ。女にとって、不潔な男は最初から問題外だが、清潔な男なら、「この人なら抱かれてもいいな」と、自分がその男に抱かれているシーンを無意識のうちにイメージしてしまう。

また、女は清潔な感じの男と一緒にいると、自分の価値が上がったように錯覚し、自尊心を高めるものだ。いかに彼女に清潔感をアピールできるか、自分なりに服装や身だしなみをチェックしてみることをお勧めしたい。

女の無言のOKサインを読む③
こんなとき、彼女は欲しがっている

視線をそらさない

ひざが触れ合ってもそのままにしておく

19 女を冗談めかしてホテルに誘うのも効果的

女はいつも男に口説かれるのを待っている。男性恐怖症の女以外、例外はないと思っていい。たとえ気に入らない相手が口説いてきたとしても、女は迷惑ながらもうれしいものだ。言い寄ってくる相手に悪感情は絶対に抱かない。口説かれる前は好きだったけど、口説かれてから嫌いになった、などという例はないのである。

男の口説き文句は、ずばり女のプライド、虚栄心を満たす。自分の魅力を評価してくれ、自分に価値があると認めてくれているんだな、と確認することができる。

この女の性質を利用して、「君が好きなんだ」とか、「次のデートじゃ、ボクはキスだけじゃ満足できそうもないな」などと冗談めかして口説くのも一法だ。面と向かって「セックスしよう」などと迫られたら気持ちが固くなるばかりだが、冗談めかして言われれば「バカねえ」と軽くかわすこともでき、彼女にとって心理的な負担も少なくてすむ。しかし、たとえ冗談であっても、口説かれたということは、彼女の心に波紋を広げる。「彼、やっぱり私が好きなんだ」と、無意識のうちにあなたが強く印象づけられていくのである。

20 こんなさりげないボディタッチが彼女の心を変える！

女は男に触れられると、生理的な嫌悪感を抱くと思い込んでいる男性が少なくないが、そんなことはまったくない。本来、女性は男性が自分の体に触れてくることに大きな期待を抱いているのである。また、体に触れられると、女性は性的な快感を感じることは言うまでもない。しかし女の側にしてみれば、だからといってあからさまに男性のタッチを求めるというわけにはいかない。そのため女性は、心理的なタテマエとして、つねにいやらしいことを拒否するという構えを作っているわけだ。だから、女に触れるときには、女が心理的に納得できる口実を与えてやることが大事だ。

たとえば、デートの待ち合わせのときなど、「やあ、遅れてゴメン」などと、後ろからポンと肩を叩いてやったり、「髪に糸クズがついてるよ」といって髪に触れたり、「そこ、水たまりあるから気をつけて」と手をとったりと、彼女に自然に触れる演出をするわけだ。こうしたセックスの匂いのしないタッチなら、彼女も抵抗が少ないから受け入れやすい。それをくり返しているうちに、彼女は触れられることを自ら進んで求めるように心が変わっていくはずである。

21 女をうっとりさせるファーストキスの方法

男と女ではキスに抱いているイメージがまるで違う。男にとって、キスはセックスの前戯にすぎず、唇を合わせるやいなや、強引に舌を挿入して、女の舌を求めたり、口の中を乱暴にまさぐろうとする。それに対して女は、キスを二人の愛の儀式と考え、唇を軽くフワッと合わせるソフトタッチなものを強くイメージしている。

まだ女性経験の少ない男性は、いざファーストキスというときに、男と女のこの違いがわからないために失敗してしまうことが多い。多くの女性は優しい口づけを期待しているのに、男性はいきなり舌を押し込んだりする。それではすべての気分が台なしになってしまう。強引なキスは、女性にセックスを強くイメージさせ、自分があたかも犯されているような気分になってしまう。その瞬間、女は、相手の男に対して強い拒絶感を覚えてしまう。キスが即、セックスを連想させるので、怖くなるからだ。キスを彼女にするときは、一回目は優しく、ソフトタッチに、激しくするのは二回目以降からというのが鉄則である。ファーストキスが上手にやれる相手ならば、女性も安心して、二回目からは、どんなハードなキスでも平気で受け入れる。

22 女はこんな打ち明け話にグッとくる

ＯＬを上手に使うコツは、「これはキミだから頼むことだが」と一言添えることだという。これは、自分を特別視してくれる人のためには本心から尽くそうとする、女性心理をうまく突いたやり方だ。

その裏を返せば、彼女たちはいつも、自分が数ある同僚たちの中に埋もれ、個性がなくなってしまうことを恐れているということだ。だから、キミしかできない、と認められると、がぜん張り切ってしまう。

その手口を女を口説くときに利用しない手はない。たとえば、「これはキミだけには知っておいてほしい」と打ち明け話をするのである。話の内容は、身の上話でもいいし、将来の夢でもいい。打ち明け話をされると、女は相手の男の秘密を知ったような気になる。女は自分が信頼されていると、自分というものをわかってくれているにちがいないと思ってしまうのである。女というものは自分を理解してくれる男に対して、安心して身をまかせることができるし、自分も同じようにすべてをさらしてみたい衝動にかられるものなのだ。

23 「酒の力」で迫るようでは、どんな女もついてこない！

女を口説くのに酒の力を借りて、という話はよく聞くが、実際に女を前にして酔っ払って口説いても、成功率ははなはだ低いと考えていい。というのは、女はアルコールを飲んで酔っ払った男を、男として認めないからである。

とくに、気の弱い男にかぎって、アルコールで大脳皮質を麻痺させ、ブレーキを外しておいて女に迫ろうとしたがるが、女はそのメカニズムを熟知していて、「酒の力を借りて迫ってくるなんて男らしくない」と不快感を覚えてしまう。男は理性的であってはじめて男としての機能を発揮するということを、女は本能的に知っている。女は男の精神力、理性の力を男性的なるものとして求めているのである。酒の力で理性を麻痺させて迫ってくるような男には、女は本能的なバリアをはってしまう。

また生理学的にも、過度のアルコールは大脳を麻痺させ、性的な能力を低下させてしまうことを証明している。女はこういう男を、「ダメねえ」とハナであしらうものだ。アルコールは男と女のお互いが軽い酔いを覚える程度がいい。大酒を飲んで女に迫るなどもってのほかである。

女の無言のOKサインを読む④
こんなとき、彼女は欲しがっている

スカートのすそをひっぱる

胸にひんぱんに手をやる

24 堅い女はこんな「肩すかし」に弱い

女を口説き落とすには押すにかぎると、押しのワンパターンで迫る男がいる。たしかに女を口説くには押すべきなのだが、単調に押しまくるだけではダメな場合もある。押しの方法が毎回同じパターンで、何の変化もない場合、女はその男をただしつこいだけの男だと思ってしまう。それを防ぐのには、単調な攻め方に変化をつける必要がある。たとえば、彼女をデートに誘うのでも、ベッドインを求めるのでも、三回迫ってダメだったら、そのときは手を引いてしまう。そうなると、女は、いままで迫られるのが当然という心構えができていたのが、肩すかしをくらわされ、その意外性に気持ちが動揺してしまう。「あんなに毎日、しつこかったのに、どうしたのかしら」と、逆に男が迫ってくるのを心待ちにさえする逆作用が働く。

それは、かえって、あれほどイヤだった男の気持ちを自らひこうとしはじめるほどだ。そのチャンスを見逃すことなく、一気に女の心の中に踏み込んでいくといい。女は、そうなるとたまらず男の前に心を開かざるをえない。押しの力に反発する心の反作用をうまくテコにすれば、意外と簡単に女の気持ちをつかむことができる。

25 「キスに応じた女は必ず抱ける」と言われる理由

昔、性の知識のない十代の女性の中には、「キスすると妊娠するんじゃないか」と心配するものがいたりした。バカバカしいと一笑に付してしまうのは簡単だが、この疑問は、じつは女の心理をよく表しているのだ。というのは、キスは、女にとってセックスと非常に近い、もしくは同じものとしてイメージされているからである。

セックスというのは、物理的には、粘膜と粘膜の接触であるが、キスもその意味ではセックスに他ならない。女性の粘膜の部分には性感帯が集中しており、そこを男の粘膜によって刺激されることは、キスもインサートも生理的には同じなのである。

だから、一部の女たちには、男にキスを許すということは、男に体を許すことと同義のこととしてとらえられている。逆にいえば、そうした女は、キスをしたら即、男とのセックスを認めたということになるのである。

とくに、日常、キスの習慣のないわが国では、女が唇を許すということは、相手の男に心を征服されたということを意味する。だから、もし女がキスを許したならば、手順どおり進めれば、ほぼベッドインＯＫと思っていいわけである。

26 携帯電話、こんなやり方では嫌われる!

電話は彼女と親密になるには、じつに手軽で便利な方法だ。しかし、気軽さのあまり、相手の都合も考えずに、非常識な時間帯に電話をするのはいただけない。とくに家族と同居している女性の場合、たとえ携帯電話でも「おまえ、いったいどんな男とつきあっているんだ」と、両親からのプレッシャーがかからないともかぎらない。

これでは、男性の側はいくら熱意を表現しているつもりでも、女性にとってはいい迷惑である。女というものは、男と違って、常識を破ることを心から嫌悪しているものだ。相手の立場になってものを考えられないような非常識な男性は、女性の目から見ると、幼児性が強くてとうてい頼りにならない。また、当然のこととして、「いったい私をどんな女と考えているのだろう、バカにしているわ」とプライドを深く傷つけられる。こんな男を相手に、女が安心して心と体をまかせることはまずない。

まだ親密でない女性に電話をかけるときは、相手の都合を考えて、常識的な時間帯にかけるようにしたい。朝は早くとも九時から、夜は遅くとも一〇時くらいまでがそのリミットだろう。

27 女を必ずモノにできる「一泊旅行」に誘うには？

社員旅行のとき、社内の男性とその場かぎりの関係をもつＯＬが少なくない。なぜか。もちろん旅館やホテルに泊まるので、そういうチャンスが多いのだという単純な理由からではない。

これは、旅行という日常生活を離れた空間が、女心を微妙に刺激するからだ。そのため、ふだん見なれた男が別人のように見えたり、警戒心がゆるんだりして、自分でも思いがけないほど大胆で積極的な行動をとってしまうのだ。

こうした弱点をもつ女心だからこそ、男から一泊旅行を誘われたりすると、それだけで体を許してしまうことがある。非日常的世界への誘いによって、女の体には無意識のうちに、その男との仲の深さを肉体で確認したいという欲求がつきあげてくるからである。ただし、こうした誘いは、女心に強烈なインパクトを与えるだけに、ひとつ間違うと、相手の男への強い反発に変わりかねない。それを避けるには、女の性周期を読んで、誘いの言葉をかけるタイミングを見計らうことも必要だ。一般に、性ホルモンの分泌が盛んな排卵期のころが、女性も誘いを受け入れやすい。

28 勝負は「一対一」になったときにかけろ！

ひたすらホステスを専門に遊ぶような豪傑の人は、お目あての女が見つかっても、その場ではあたりさわりのない話題に終始して、いっこうに口説こうとしないらしい。そしてあとでこっそり一人で行ってお目当てのホステスをじっくりと攻める……。

このやり方は、第三者がいるところでは、口説かれても絶対にそれに応じようとしないという女の性質をみごとについている。女にとって、男を受け入れるということは、自分のもっとも弱い部分をさらけ出すことであり、直接身をまかせる人間以外に見せてはならないものである。それゆえに、バーのように他の人間が大勢いる前で口説くと、女の潔癖感から逆に強い拒否にあう恐れすらある。

この女性心理はよく心得ておく必要がある。とくに女が女ともだちといっしょにいるときに露骨に口説こうとすると、連れに対する遠慮が働いて、拒絶する態度をとられてしまうものだ。他の人間がいるときには、二人だけになるチャンスを作ることに専念した方がいい。一対一なら、女も心の垣根をとりはらい、心をさらけ出してくることも期待できるからだ。

彼、私のこと「眉毛美人」だなんて……。

私がいまの夫との結婚を決めたのは、彼のほめ言葉がきっかけです。人生の重大事をおだてられたぐらいのことで決めるなんて、あまりに軽率じゃないかと怒られそうですが、ほめ言葉の中に、私は彼の誠実さを見たのです。

私は自分が美人じゃないことぐらい、よく知っています。目は細いし、色黒だし、体だってスマートな方じゃありません。でも、美人ばかりじゃなく、容姿に自信のない女のコだって、鏡の愛好者なんです。そして、自分にだっていいとこないかって、必死で探しているんです。私、眉にだけは自信ありました。自分で言うのもおかしいけど、形も、濃さも、好きなんです。

彼、私のその眉をほめてくれたんです。「形がととのっていて、品がある。君って眉毛美人だね」って。私、この人はわかってくれていると、そのとき思いました。口先だけで「美人だね、キレイだね」って言う男の人はたくさんいます。でも、私、自分の顔のことは、人よりよく知っています。私がひそかに気に入っている眉を、よく見てくれたのは彼だけです。

その一言を聞いて以来、私の気持ちはどんどん彼に傾斜していきました。いまでは彼と家庭をもって、一男一女の母親です。思ったとおりの優しいパパです。彼と結婚して本当によかった。この幸福をいつまでも大事にしていきたいと思います。

29 女をデートに誘い出すときの効果的な方法

「〇〇クンが病気で入院したんだって。見舞いに行こうと思うんだけど、一緒にどう」とか「友人の××さんたちが、バザーを開くんだって。応援に行かないか」などと、何か理屈をつけて誘うと、女は意外とたやすく応じてくることが多い。「お見舞いには行くけど、あなたとはイヤよ」などと冷たくハネつける女性はまずいない。

女性の心理として、男性からデートに誘われるとき、ただ「ボクとデートしない?」と誘われるのでは、デートの理由は、ただその相手の男性だけということになってしまう。これでは、なんだか自分を安売りしているようで、彼女は納得がいかない。ホンネから言えば、どんな女性でも男性から誘われるのはうれしいのだが、気持ちのタテマエとして、安易に応じるわけにはいかないのである。ところが、友だちの見舞いなどという正当な理由が用意されていれば、〝それなら、行くの断るわけにもいかないわね〟と、自分のプライドを損なわずにすむ。彼女がデートに出てきやすいように、つねに女のために心理的な口実を用意してやるようにする。そうすれば、まずたいていの女性は誘いに応じざるをえない気持ちになるものである。

30 女が言われていちばんうれしい言葉とは？

洋の東西を通じ、「若く見える」と言われて喜ばない女はいない。これは、女性が心の奥底で、女の最大の魅力は若さであると深く信じ込んでいることが原因だ。たしかに、若い女性は、若いというだけで男からチヤホヤされるし、そうした光景を日ごろ見ている女性が、若さが第一だと信じ込むのもわからなくはない。

いまは〝二十歳すぎたらオバサン〟と言われる時代だ。大多数の女性は、無意識のうちに自分の年齢に焦りを感じている。それゆえに二十代も半ばに近づくあたりから、女性は「若く見える」というセリフに決定的に弱くなる。相手が二十三、四の女性だったら「ええっ？　ホントですか？　ごめんなさい、まだ二十歳そこそこだと思った。失礼しちゃったな」ぐらいのことは言ってやっても、バチは当たらない。

女は自分を喜ばせてくれる男性には、無条件で心と体をさらけ出してしまうものだ。とくに「キミは若いね」と言ってくれる男性には、どうしても弱い。ただし、本当に若い女性相手に「キミは若いね」などと言っても無意味だ。かえってバカにされないともかぎらない。

Step2

女に男と寝たいと思わせる30の法則

――彼女ともっと「深い仲」になるとっておきの方法

31 女のスキをついて唇を奪う方法とは?

女性はキスを正面から迫られると、つい顔をそむけて拒否してしまうことがある。迫ってくる男性の顔は、女に心理的な抵抗感を生じさせるからだ。これは男性同士でも同じことで、友人などから面と向かって顔をグイグイ押しつけられると、やはり顔をそむけたくなるはずである。人間の顔には、その人の個性や存在感など、さまざまな意味が象徴されているので、それに面と向かうと、心理的に大きな抵抗感を覚えるのである。

こういう場合は、女に顔を合わせないようなやり方でことを進めた方がいい。ベンチなどで彼女の横に座り、横から迫るとか、彼女の背後からさりげなく抱きしめて、首すじにキスする、などといった迫り方なら、彼女も抵抗なく受け入れる。

また、生理学的にみて視覚で興奮する男とは違い、女は聴覚で性的な高まりを覚えていく〝動物〟である。正面からキスを迫られたのでは、男の姿が視界に入るため、聴覚が視覚に邪魔され、性的にも一瞬さめてしまう。たとえキスに成功しても、これではキスの次の段階であるベッドインまで達するのはむずかしくなる。

32 女に「安心感」を与えて無防備にさせるテクニック

若い女性がよく言うセリフに「自分のことをよくわかってくれる人がいい」というのがある。しかし、この場合、その言葉を真に受けて、本気で彼女のすべてを理解しよう、などとするのはとんでもない大間違いだ。女は本来の意味では、〝理解〟してくれることなどすこしも望んではいないからだ。

ここで彼女が言う「私をわかってくれる」というのは、精神的に理解してほしいということではなく、なんでもいいから、「私のことをすべて許してほしい」「全面的に私を支えてほしい」という男へのもたれかかりなのである。前にも触れたが、女には、つねに男に保護されたいという本能的な欲求がある。だから、女にとっては、男がすべてを許してくれるということの安心感は何よりも大事だ。「何を言っても、この人なら許してくれる。この人なら、どんなに甘えても大丈夫」という安心感を与えてくれる男に出会ったときにはじめて、女は男に対して無防備に心と体を開く。

男が女に対して「何でもボクにまかせろ」「いくらでも好きなだけボクに甘えていいんだよ」とつねに安心感を送りつづけることが効果的なのはこのためだ。

33 この「女の本能」を知れば、どんな女も思いのまま！

本来、女性はセックスを求めてはいても、行為に対しては、じつに慎重だ。これは女性特有の防衛本能からきている。自然界の中にあって、女性は、妊娠、出産し、そして子どもを育てるあいだは、外からの脅威に対してまったく無防備同然だ。

そのため妊娠してからは、頼りになる男性に守ってもらうことになる。ところが、これもまた、男性の播種（種まき）本能のなせるわざなのだが、男は一般にセックスだけを求めて、射精をすませると、さっさと逃げていってしまう傾向がある。そのため女性は男選びに慎重にならざるをえない。女が男の気をひきながら、決して男に心を許さないのには、そういう理由がある。

いわば、女は難攻不落の城のようなものなのだが、この女の城にはひとつだけ〝秘密〟が隠されている。それは、この城は男に落としてもらいたいとひそかに願っているということだ。女は無数のウィークポイントをもっている。このウィークポイントを的確につかみ、要所要所を攻めつづけてくる男に出会うと、難攻不落の彼女も、よろこんで自ら城門を開いて、男を導き入れてしまうのである。

こんな男は嫌われる ①

女はここで男を見抜いている

メニューが決められない優柔不断な男

下着や靴がいつもきたないフケツ男

34 女の深い信用を得るには、こんな「行動」を見せろ

女は、男の本心を、その行動から読みとろうとしたがる。たとえばデートの約束の十分前には、必ず待ち合わせの場所に着いていて待っているとか、クルマに乗るとき、いつも彼女のためにドアを開けるとか、満員電車の中で、両手で彼女をそっと守ってやるといった行動から、女は「ああ、この人は、私を大事に思ってくれているんだわ」と思うのである。

つまり、女は、口で「愛している」と言われるだけでは不十分であり、行動によって、しっかりと裏づけてほしいと望むのだ。男が女に結婚を申し込むときに、わざわざ形式ばって婚約指輪を用意するのもそのためである。

こうした〝誠意ある〟行動のつみ重ねが続いたあとに、はじめて彼女は「この人なら信じていい」と感じ、その男の前に心と体をさらけ出す。そして、一度信用すれば、あとは無条件で男の言いなりになってしまう女は意外と多い。とくに、男に対して防衛心理の強く働いている処女やインテリ女にはその傾向が強い。結婚詐欺師は、こうした女の弱みを巧みにとらえて、彼女たちを意のままに操るという。

35 彼女を抱きたかったら、徹底的に優しくふるまえ

デートの際、男性は彼女の気分を無視して、すべてを自分の決めたとおりに進行したがることが多い。映画を見る予定だったら、たとえ、その映画館が遠くて不便なところにあっても、何がなんでも見ようとするし、レストランで食事する予定なら、自分の決めたレストランに入らなければ気がすまない。それに対し、女は男と比べて感情的で、論理的な一貫性がないので、コロコロと気分が変わる。

男はそれを責めたりせず、変わりやすい女の気持ちを察して、臨機応変に女の気持ちに応えてやることだ。たとえば、最初は映画を見に行く予定だったが、彼女が急に海が見たいと言い出したとする。そんなときは、映画にいくら未練があっても、さっさとクルマを飛ばして港まで行って海をながめる。また、入る予定だったレストランの前まできたが、彼女が急に入りたくないそぶりを見せたら、別の店に変更してやるなど、彼女の気持ちを第一に優先する。そのように彼女の気分を優先してやれば、女は「この人は自分の気持ちをわかってくれている、一緒にいると安心だわ」ということになる。この安心感が、やがて彼女の心と体を開いていくのである。

36 「女ともだちのいる前」で口説けば、女もその気になる

女は自分の価値を他人との関係の中でしか認めることができない。「私、○○さんよりは美人だと思うわ」とか、「私、お茶くみしかできない××さんよりは役に立っていると思う」とか、「私のこと、センスがいいって言ってくれる人、多いのよ」などと、自分の価値を認識するのにあくまで他人の存在を必要とする。そして自分自身の判断よりは、他人が認めているもののうちに、より大きな価値を見いだす。

この女性の特質を利用すれば、彼女を口説くのはじつに簡単だ。彼女を彼女の女ともだちのいる前で口説くのである。女にとって、すべての女はライバルだ。そのライバルの前でほんの一瞬でも優位に立ってるだけで、女は有頂天になってしまう。とはいえ前述のように、女はその場でOKの返事を出すことはない。「強引な人ね、ダメよ」などと心で思っているのとは逆の態度に出るだろう。

それは、他の女性を敵に回すのがイヤというより、自分を安売りしているように思われたくないという虚栄心が働くからだ。だから、そのあとで、女と二人きりになったときにじっくり迫るといい。彼女があなたを拒むことはまずないはずだ。

37 〝二人の仲〟を急速に深めていく方法とは？

何回デートにつきあっても、いつもおきまりのデートコース、映画を見て、喫茶店に行って、たわいないお喋り……。こんな男を相手にしていると、女は「なんて退屈な人かしら」と思ってしまう。そして、女は一度男に愛想を尽かすと、態度がかたくなになってしまい、最後には「私たち、合わないみたいね」とつれなく男をふってしまうのである。こんな男とつきあっていても、何も事態は進展しないからだ。

男は女に対して、つねに新鮮な印象を与えつづけていなければならない。といっても、それは女を退屈させないために、いつも新しいネタを用意しているとか、デートコースを毎回工夫するなどということではなく、会うたびに新しい行動に出て二人の間をより親密にしていくことだ。いままで手をつないでいたのなら、今回は肩を抱き、その次はキスを求めるというように、回を重ねるごとに、新しい段階に彼女を引っぱっていくことなのである。そういう男とつきあっていると、「今日はキスだけだったけど、今度会うときはどうなるのかしら」と彼女は期待をふくらませていく。そうなってしまえば、彼女はもうあなたの前に体を投げ出したも同然である。

38 女の「メルヘン願望」を刺激するうまい誘い文句

「過去はすべて美しい」という言葉があるが、これは女のメルヘン願望をたくみに表現している。楽しい体験はもちろん、辛い思い出でも、女はそれを悲劇に仕立てて心ひそかに楽しむという特異な才能の持ち主なのである。そういう女の心理的な願望は、ときには現在という時点を、未来から眺めるという逆転を生じることがある。たとえば、いま自分がしていることを将来後悔することはないか、というような心の中の動きである。口説くときにはこの女性特有の習性を利用するといい。

「よい思い出を作るために、二人で旅行に行こう」などと〃思い出〃を強調するのである。昔からこの手の言い方は多かったが、いまでも十分に通用するのは、女のメルヘン願望に働きかけているからに他ならない。そう言われると女は、たとえ目の前の男をそれほど好きでなくても、将来、美しい懐古シーンになる予感にとらわれて、誘いに乗る心理が働くことがあるというわけだ。そうなると、女性が、よりよい思い出を作るために積極的に二人の関係を発展させることも期待できるのである。

こんな男は嫌われる ②
女はここで男を見抜いている

友だちに会っても紹介しない男

人前でいやらしい話をする男

39 こんなプレゼント作戦はかえって逆効果！

女性の心をひくにはプレゼントが効果的——こう考えて、二、三回デートを重ねただけの女性に、指輪やハンドバッグなどの高価な贈り物をしたがる男性が少なくないが、これは大きな間違いだ。プレゼントをもらった女性の側は、その瞬間、贈り主の男性がベッドの上で自分を征服している姿を想像してしまうからだ。

つまり、贈り物をもらった自分が、そのひけ目から、男に体を許すというところまで、女は短絡させてしまうものなのである。そして、あの男は私の体を狙っていると思いこみ、結果的にはその男性に対して、強い嫌悪の念を抱くことになる。

これは、女性の憶病から生じた過剰防衛のなせるわざである。それほど親しくもない相手から高価なプレゼントをもらって喜ぶのは、男あしらいに慣れたホステスぐらいのものだ。普通の女性はかえって迷惑する、と覚えておくとよい。それでも何か贈らなければ気がすまないという場合は、相手の女性が負担を感じずにすむ程度の小物、たとえばハンカチやティーカップなど、「たまたま目についたから」といって、さりげなく渡すようにするといい。贈り物は二人の親密度に比例するのである。

40 やきとり屋、ゲイバーなどにつれていくのもいい！

洒落たレストランやパブでデートするばかりでなく、ときには女が一人で行ったことのないような場所や、好奇心はあっても行きにくい店などにつれていってやると、これまでヨソヨソしかった彼女が、とたんにあなたに心を開いてくることがある。

先にも述べたように、女とは生理的に見て〝受動的な動物〟である。女は、自分の知らない世界、したことのない行為に対しては、おびえにも似た感情から防衛本能を働かせ、なかなか壁を乗り越えることができない。そんなとき、手をとって新しい体験をさせてくれる男が現れると、その相手に対して信頼感を抱いてしまうものだ。

また女はつねに自分を守ってくれる存在を求めるものだ。ちょうど暴漢に囲まれたカップルの女が無意識のうちに男に身を寄せるように、つねに男の保護を本能的に求める。

この保護を求める女心をうまく働かすことができれば、新しい世界へ女を誘ってやることで生まれた信頼感から、女が未知の〝体験〟へと誘ってほしいと考え出すように仕向けることも決して不可能ではないはずだ。

41 女の心を射止める「真実味のあるほめ方」とは?

女の心を射止めるには、ほめるのが一番とよく言われるが、といって、むやみにほめるだけでは、かえって彼女に警戒心を抱かせてしまい、逆効果になりかねない。女性をほめるのなら、相手が何をほめられたがっているのかを見抜いてから、それを重点的にほめるのが効果的だ。

たとえば、彼女が新しい洋服を着てきたら、すかさず「いいセンスしているね、その服、似合ってるよ」と評価してやるし、化粧をしてきたら、「キミって、上品なメイクをするな」とほめてやる。もし、相手がインテリぶっている女性だったら、それとなく知性・教養を認めてやるのもいいし、芸術かぶれの女性だったら、美的感覚のよさをほめてやるのもいい。要は、当人がもっとも大事に思っていることは何かを見抜いて、それをほめてやることだ。

「キミはとっても美人だね」などと通りいっぺんのほめ方では、リアリティがなく、白々しく聞こえるだけだ。顔かたちをほめるなら、「キミの耳は形がいいな」とか、「きれいな歯をしているね」などと、一点に絞って評価してやった方が真実味が増す。

42 「頭のいい女は見た目より内面をおだてろ」って本当？

ある結婚詐欺師の告白によると、一流会社のＯＬや女子大生など、社会的地位や知性とか教養のある女性は、顔かたちより、その女性の仕事や能力をほめたほうが、はるかにおだてにのりやすく陥落しやすいという。

すべての女性がそうだとはかぎるまいが、たしかにこの詐欺師の言うのにも一理はある。女性の社会的地位が向上してきた昨今とはいえ、まだまだこの社会は、女性にとって能力を発揮しやすい社会とはいいがたい。それなりの教育を受けてきた女性であればあるほど、無力感にさいなまれることも多いはずだ。そういう女性は、人間は、顔かたちより内面や能力が大事と思いこんでいるので、自分の内面や能力を賛美してくれる相手に出会うと、無条件でその相手を信頼してしまう。

女というものは、自分がおだてに弱いということを本能的に知っているものだ。頭のいい女にかぎって、男からほめられると、逆に、なんと浅はかなおだてなんだろう、だまされてたまるものか、と反発心を抱いてしまうものだ。そんなとき、内面的な知性や教養を男からほめられると、心の底からうれしがるのである。

43 女に好かれる「しぐさ・表情」の作り方とは?

自分が女性と話すときに、どんな表情やしぐさをしているのかを知っている人は意外と少ない。しぐさは人の感情を知らずしらずのうちに表現してしまうから、ときには相手の女性から見ればウンザリするような表情やしぐさをしていないか気をつけることも大事だ。

そのためには、ふだんから自分がどんな表情やしぐさで話しているのか、よく知っておく必要がある。それには役者のように鏡の前に立って、セリフをしゃべってみることだ。そして、もし、「これは不愉快だな」と思うようなしぐさや表情があったら、どんどん直すようにするといい。これはしゃべり方でも同じことだ。テープレコーダーに自分の声をふきこんで、再生してみるといい。

医学的にみて、こうしたしぐさやしゃべり方は、遺伝することが確認されている。親の日ごろのふるまいで気になるものがあったら、自分にもそうしたクセがないか気をつけて意識的に直していくことだ。いくら女のウィークポイントを知り尽くしていても、そこを攻めるには、自分の表現力を鍛えておかなければ勝負にならない。

J大生ってそんなに偉いの！

いま二歳年上のJ大卒の先輩とつきあってるんですけど、あたし、ときどき、もうやめちゃおうかって思うんです。彼は高校のテニス部の先輩で、憧れの人でした。私はただ遠くから黙って見つめているだけでした。白いテニスウェア姿がまぶしくて、口なんかきいてもらえなくても、彼を見ているだけでよかったんです。

親友から「彼があなたとつきあいたいって」と伝言を聞いたときには、本当に驚きました。彼がJ大に受かって、卒業していった春のことです。まさか、彼が私のことを見つめてくれていたなんて、信じられませんでした。

それからおつきあいが始まったんですが、いざ、彼と顔を合わせて話してみると、どこか微妙に想像していた彼と違うんです。彼、デートのたびにJ大のことばかり話すんです。受験がたいへんだったのは私もわかるんですけど、「J大って最高だよ。就職もいいし、最近はW大も抜いて、ランク高いし……」と。そんなことばかり聞かされると、何だか彼がどんどん遠のいていくみたいで……。

二週間前、彼からキスを迫られました。あたし、彼のキスを受けながら、突然「この人じゃない」って思いました。そしたら急に恐くなって、彼を突き飛ばして、その場から逃げ出してしまったんです。その後二回ほどデートしたんですけど、もうぎごちなくなっちゃって。やっぱり、彼とは合わないのかもしれません。

44 彼女の横に座る機会をなるべく多く作ろう

デートで喫茶店に入ったときなど、女は男に面と向かい合って座ると、意外に緊張してしまい、話をするのでさえ、ぎごちなくなってしまうことが多い。というのは、前にも触れたように女性は男性に正面にこられると、心理的に大きな不安を感じるからである。女性も動物と同じように、これ以上相手を入れたくないという心理的なテリトリーを自分の周囲にはりめぐらしている。男が自分の正面から迫ってくると、そのテリトリーを破られるために緊張し、自分を防衛するために精神的な垣根をめぐらしてしまい、何につけても堅くなってしまうというわけだ。

男性は、この、テリトリーを侵されているという緊張感を女性に与えないように配慮することが必要だ。そのためには、女性には横から接近することだ。デート中、大事な話をしたり、キスを求めるときは、まっ正面から迫ったりせず、彼女の横から話しかけるようにする。これなら、彼女も抵抗なく、男性を自分のテリトリーに迎え入れることができる。こうして、女のテリトリーの中に入ってしまえば、女は親密感を覚えるので、あとは女の心と体を開かせるのはたやすい。

45 「女のために服を着る」のがモテる男のおしゃれ！

デートをするときは、どんな男でも自分の服装に気をつかうものだ。相手にすこしでもいい印象を与えたいと考えるのは当然のことである。

しかし、服装を選ぶときに自分のことばかり考えているようでは、まだまだ二流である。女のために服を着る。こうなってはじめて一流なのだといえる。

要するに、相手の女性が、一緒にいて恥ずかしくならない服装にすることが大事だ。たとえば、彼女がカジュアルなスタイルでデートに出てきたのに、男性の方が一分のスキもない三つぞろいの背広にネクタイ姿といういでたちで待っていたら、彼女の方はいたたまれなくなる。恥ずかしくて、とても一緒に歩けはしない。

いくら自分がそのスタイルを気に入っていても、これではたまらない。たとえ自分の服装センスに自信があっても、自分だけ着かざってはダメだ。逆に、彼女のセンスが遅れていたら、それに合わせて自分も同じ水準の服装をするぐらいの気づかいが必要だ。そこまで徹底できれば、彼女は自然に、あなたと一緒にいることに安堵感を抱き、知らずしらずのうちに、あなたに心を開いていくだろう。

46 女との会話で絶対口にしてはいけないことって?

男は好きな女には根掘り葉掘り、何でも聞きたがる。「どこへ行ってきたの? 友だちと会ってたって……それ、男の人、女の人?」などとしつこく食い下がる。しかし、こうした何でも知りたがるしつこさは、女をうっとうしくさせるだけだ。

女は、本能的に男の目から、自分の心と体を隠そうとする。そして隠すことによって、その中身を男に想像させようとする。つまり、自分を隠すことがもっともエロチックで、相手を刺激するとわかっているのだ。

たとえば女性の水着を見るといい。どんな女性の水着も、いかに露出しながら隠すかということに工夫をこらしている。何でも知りたがろうとする男は、その水着をいきなりはぎ取ろうとするのと同じである。女は自分の隠していることを必要以上に詮索されると、恥部をのぞき見られる気がする。自分だけの秘密の部屋に、土足でズカズカはいりこまれると、男に対して嫌悪感を抱くようになってしまう。秘密のベールをはぎ取るのは最後の段階まで残しておく。そのときがくれば、女は自ら進んで自分のすべてを男の目の前にさらけ出すこともいとわなくなるものである。

47 こんなウンチク話はバカにされるだけ！

レストランなどで彼女と食事をする際に、料理やワインなどについて、やたらとウンチクをふりまわす男がいる。こういう男性は、まず女にバカにされると思って間違いない。

虚栄心は女だけのものではない。男は、自分がいかに知識をもっているかという自慢話、すなわちウンチク話をしたがるが、これは一種の見栄といっていい。「オレはこれだけいろんなことを知っているんだ、どうだ驚いたか」と、自分の知識を相手にひけらかすことによって、自己陶酔するのだ。

女の激しい虚栄心に比べれば、まだ可愛いところがないでもないが、そうしたウンチク話は女の目には「えらそーに、バカじゃないの」としか映らない。もちろん男同士の会話ならば、会話を愉快にさせる潤滑剤の役割を果たすこともある。しかし、女性にとっては、ただ男が威張っているだけにしか聞こえないのだ。

女にモテる男は女の前で自慢話などしないものだ。男の知識や教養は、それを必要とする機会にチラリと示せば十分だ。その方が女は男への尊敬の念を高めるのだ。

48 「次のデート」でより深い関係になるための、その日の別れ方

デートは終わり際が肝心である。どんな食事でも腹八分がちょうどいいように、男と女の関係もそれと同様、もうすこし食べたいなという気持ちを女に残すようにするのがいい。家まで送りとどけたら、さっと別れて、グズグズつきまとわないようにするのである。

女はキスや愛撫はもっとしてほしいが、それ以上進むのは恐いのである。そこで、ちょっとものを足りないかなというぐらいで打ち切るようにすれば、女はかえって、もっと食べたくなってしまう。そして、「今度はどんなことがあるかしら？」と、次回のデートに想像力をたくましくし、積極的にならざるをえないのである。

とくに、1章で紹介した別れ際のテクニックと合わせると効果は抜群だ。たとえば「今度はきっといいことがあると思うよ」とか、「この次は期待していてよ」などと、謎めいた言葉を残すといい。

女はそれを聞いて、「いいことって、いったいどんな意味かしら？」「彼、何をするつもりなのかしら？」と、次のデートまでのあいだ、つねに男を強く意識してしまう。

こんな男は嫌われる ③
女はここで男を見抜いている

自分勝手なHをする男

今日は3P決行!!
やだァ〜

終わるとすぐ寝てしまう男

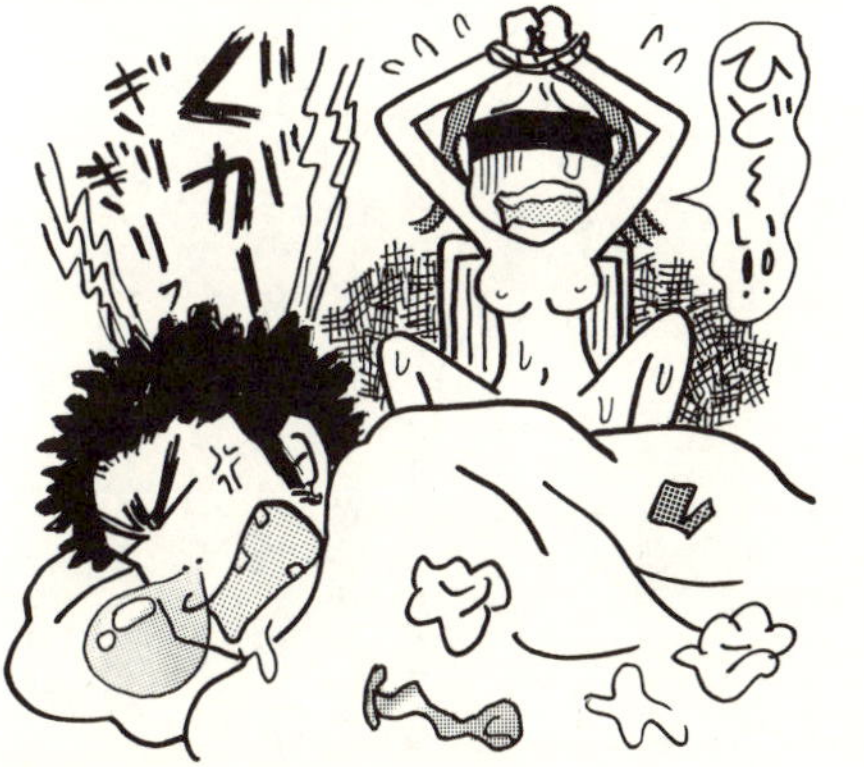
ひど〜い!!
ぐがー
ぎりぎりッ

49 これならキザにならない！　彼女のエスコートの仕方

最近、フェミニストぶって、レストランで女のために椅子を引いたり、頼まれもしないのに、女の手を取ったりして得意になっている男性が多いようだが、つけ焼き刃のフェミニストほど、女にバカにされるものはない。当人は洗練されたエスコートのつもりでいても、芝居がかった女扱いは、かえって女の失笑を買うだけなのだ。

また、そうした態度は、「この男は慣れてるみたい。私の体だけが目当てなのね」とセックスだけが目的で、そのため外面をとりつくろっているのだと思わせてしまう危険がある。女はそんな男の言いなりになってたまるかと、必要以上に依怙地になってしまい、うまくいくはずだったこともうまくいかなくなる。

フェミニズムとは、外見ではなく精神だ。心から女性を大事にする気持ちが基本にあれば何をしてもキザにはならない。重いものを持ってあげるとか、寒そうだったらコートを着せてやるといった、ごくあたりまえの思いやりを発揮してやればいいだけのことだ。下手な格好つけは、三流ホテルのボーイが気取っているようでブザマである。くれぐれも日本の現実とずれないよう気をつけてほしい。

50 なぜ、女は〝自信のある男〟にひかれるのか？

自尊心の強い男性に、女心を射とめることは難しい。自尊心の高い男は、自分のプライドが傷つくことを恐れて、自分から女に迫らないからだ。

また、かりに迫ったとしても、デートの誘いを断られたといっては傷つき、セックスに応じないといっては怒る。女性にとって、こんなにつきあいにくい相手はいない。

虚栄心や過剰なプライドをもつことは、女だけに許された特権である。そして、傷つくのは男の義務だ。ところが、自尊心の強い男性は、そういうことがわからない。要するに自己中心的にしかものを考えられないのだ。

女は男に、つねに男性的なものを求めている。しかも、女は本能的に「恋愛とは男が女に対しプライドを捨てる行為である」ことを知っている。だから、自尊心の高い男は、女の目には、何もしてくれないつまらない男としか映らない。

女を口説く男に必要なのは、自尊心ではない自信だ。女が男に本能的に求めているのも、そうした自信に満ちあふれた男の態度であることは言うまでもない。

51 女の心と体の〝扉〟は無理やり開けてはならない

男たるもの、デートの終わりに女を送っていくのはマナーだが、その裏に「チャンスがあれば……」という心理が働いていることは否定できないだろう。女性はそのあたりに男の微妙な心理を敏感に感じとる。それは、「この男、タクシーの中で何かするかもしれない」という女の直感である。だから、手を握られるのも嫌な男には、けっして送られたりはしないが、好意をもっている男でも送られたくない場合もある。

というのは、好意はもっているものの、まだそれほど親しくない場合、ふとしたはずみで一夜を過ごしてしまうような「軽い女」と見られることを恐れるからだ。

その心の動きに、女の自己防衛の本能が働いている。強引に迫られると自分を守りきれなくなってしまう危機感があるからこそ、女はその状態にわが身を置くことを避けようとするのである。嫌いな男でないからこそ、自分のウィークポイントをさらけ出すことを恐れるのである。それを女の遠慮と誤解してしつこく迫ると、逆効果だ。

せっかくゆるみかけていた心のネジを無理にこじ開けようとすると、もう二度とネジが開かれることはなくなってしまう。

52 相手の呼び方ひとつで、女の態度はここまで変わる！

何回もデートを重ねているのに、なぜかそれ以上は踏み込めない、というときは、相手の女の呼び方を変えてみるといい。たったそれだけで、彼女がすっかり打ちとけることがある。

女は、名前で呼ばれることに、相手との一体感を見いだそうとする。生理的に、もっと近づきたい、親密になりたいと思うときには、相手のことも名前で呼びたがる。女が自分を「優子と呼んでね」と言うときは、自分の一部に男をすでに招き入れているのだ。この心理的変化を心得ていれば、スムーズに女の体を引きつけられる。

女は自分の名前をどう呼ばれるかによって、相手の男との心理的な距離を測るものだ。姓を呼ばれていればかなりの距離を置くが、名の方で呼びかけられると、それはグッと縮まる。それも「優子さん」より「優子ちゃん」と呼ばれると、親近感がいっそう強まる。だから、女との関係をもう一歩も二歩も縮めたいのなら、より親しさを増すような呼びかけをするといい。そうすると、女は知らずしらずのうちに相手の男性に接近し、手を握られたり肩を抱かれても抵抗を覚えなくなるはずだ。

53 女の「心の矛盾」を突いてガードを解かせる方法

女はあまりにも男からしつこくされると、持ち前の防衛本能から徹底的に男を拒否するということはよく言われる。たしかにそれはその通りなのだが、その場合、女の心の中は外から見るよりはずっと複雑で、矛盾に満ちみちている。キッパリと男を拒否して、その男が去ってしまい、何も言ってこなくなったとなると、彼女の気持ちはどこか寂しくなる。イヤならイヤだっただけ、その男が気になってもいるのだ。

この女の心理をうまく利用すると、なかなか心を開こうとしない女も、たやすく男の前にそのすべてをさらけ出してしまう。

いくら誠実に粘っても、容易に気持ちを開こうとしなかったら、ある日キッパリとあらゆる働きかけを中断してしまうのだ。そして一カ月ぐらいたってから、突然、彼女に働きかけるようにするといい。その空白の一カ月の間に、女の気持ちは、無意識のうちに「どうしたんだろう。何か言ってきてくれればいいのに」と男を求めるようになっているのである。そして、突然、女の虚を突くようにして再度迫れば、いままで堅かった女のガードも見るみる春の雪のように溶け去っていくはずだ。

こんな男は嫌われる ④
女はここで男を見抜いている

人前で平気でアクビをする男

やたら腰の軽い男

54 芸能マネージャーに学ぶ女への尽くし方

女性タレントとプロダクション・マネージャーの色恋沙汰がよく週刊誌を騒がせるが、女が金も美貌も兼ね備えているのに対し、男の方は一介のサラリーマンにすぎない。「なんともったいないことを」と思う人も多いだろう。が、そこには世間的な計算など度外視させるほどの女の生理面での欲求がうかがえる。

マネージャーにしてみれば、自分が担当する女性タレントは商品として大切に扱うのが役目だ。スケジュールを調整し、スキャンダルから守り、雑事のすべてを引き受ける。しかし、女にすれば、それは自分を守ってくれる親切な行為と映り、いつかビジネスの関係から、個人的な信頼へとすりかわるのだ。

タレントにかぎらず、女というものは親切にしてくれる男に対して、他の人間から見れば思いがけないほどあっけなく自分の心を開くものだ。

心ばかりか体をまかせることもためらわない場合があるのは、男に対する信頼が揺るぎようがないほど、徹底して尽くされているからである。

女に徹底的に優しくするというのは、この女の弱点をみごとに突いている。

55 女にモテる男と男にモテる男はここが違う

世の中には、女にモテる男と男にモテる男の二種類がある。そして、その二つは両立しないという考え方が男のあいだにはあるが、女はそうは思っていない。女は、男にモテる男には、つねに注意を払っている。というのは、こうした気のいいタイプの男は、女には一種の安心感をもたせるからだ。この安心感は、その男を軽く見ているのとはすこし違い、頼りになる、相談相手になってもらえるという安心感なのだ。

女は、こうしたタイプの男性に対しては、性的な抵抗感は少ない。どこかさっぱりしていて不潔感が少ないためだろう。ときにはそういう男と〝ひとつ〟になってもいいと思うことすらあるのである。

それに対して、友人の前でいい格好をしようとして冷たい態度をとったり、無視したりするような男は、女に不安感を抱かせる。女性特有の防衛本能を刺激して、「遊ばれているんじゃないか」とか、「私は彼にとって何なの?」と思わせてしまう。

考えすぎるあまり、男にとって不快な男は女にモテるなどと思っては大間違いである。男に好かれる男は、女にも好かれると覚えておくことだ。

56 女は会話の面白さで男を測っている！

女との関係を発展させていくうえで、いちばん障害になりやすいのが、話題がとぎれることである。お互いに白けてしまって、話が中断する。双方ともに何とかしなくてはと思っているのだが、どうすることもできない。

この状態が数回続くようでは、この二人の関係はまず絶望的といっていいだろう。

男は、女との会話がとぎれないよう、日ごろから話題を研究、開発し、ストックしておく必要がある。もし、それができず白けてしまうようでは、彼女はその男性に絶望し、男とのより深いつきあいを拒否してしまうだろう。そんな退屈な男は、自分を引っ張っていってくれないし、頼りにすることもできないからである。

男と女のあいだの会話は、面白くなるのもつまらなくなるのも、ひとえに男に責任がかかっていると思っていい。何もできずに女まかせでいるようでは、男として女の相手をする資格はない。

女をつねに喜びつづけさせる備えを忘れずにいられる男だけが、女の心と体を受けとめる権利をもつのである。

57 こんな「聞き上手」が、女の心を開く！

話し上手よりは聞き上手になれ、とはよく言われることだが、女と会話するときはこの原則は重要だ。女が無意識のうちに期待しているのは、男がいかに自分を受けとめてくれるかということだ。女の会話は、この原理で成り立っている。すなわち、女はつねに自分から言葉を発し、それを相手に受容させ、満足するのだ。

男の中には、この女の〝おしゃべり〟がガマンできない向きもあるようだが、生来、男にはこの女の〝おしゃべり〟の聞き役に回る義務があると心得た方がいい。女は、自分の話をきちんと聞いてくれる男には、自ら心を開いていくからである。

よく、自慢話ばかりして、女を聞き役に回らせている〝おしゃべり〟な男がいるが、男のおしゃべりは、女に不信感、頼りにならない気持ちを抱かせてしまうだけである。男は会話がとぎれたとき話すだけでいい。

話の聞き役になるというのは、意識して実行してみるとなかなか難しいものだが、これがうまくできなければ、女の気持ちはつかみがたい。日ごろから、相手の話をよく聞いて理解するトレーニングを積んでおくといいだろう。

58 親しくない女さえもデートに応じさせる方法とは？

女をデートに誘うときは、女に具体的なイメージを与えることが大事だ。漠然と「つきあってよ」とか「ボクとデートしよう」などと言われても、女は何のイメージも抱けず、逆に悪い方、悪い方へと否定的な印象を育ててしまう。

とくに大事なのが時間だ。女は、それほど親しくもない相手とのいつ終わるのかわからないようなデートには、絶対につきあう気は起こさない。帰りが遅くなる、どこへ行くのかわからないという不安を起こしてしまうのである。

まだそれほど親しくない女をデートに誘うときは、「三〇分ほど、一緒にお茶を飲まないか」というように、具体的に何をするのか、いつ終わるかをはっきりさせた方がよい。そう誘われると、女はたとえ気にかけていない男でも、デートを断わることは少ない。具体的なデートのイメージがあるので、不安を抱かないですむからだ。

どのくらいデートの時間を延長できるかが心配になる向きの男もあろうが、この場合、まずたいていの女性なら、三〇分でさよならということはないと思っていい。心理的な慣れが生じれば、不安は消えてしまうからだ。

彼、自分が傷つくのが恐いのね！

私の苦手な男って、気取ってて自意識過剰の人。前に一度そんな男につきまとわれて、同じサークルの先輩だったんだけど、私のこと意識してるってハッキリわかるの。だって、私が他の男のコと話したりするだけで、じっとり湿った視線で、私のことにらんでるんだもの。嫉妬してるわけ。

嫉妬するぐらいなら堂々と声掛ければいいのに、全然迫ってこないの。でも、サークルの仲間と飲みにいったりすると、しっかりメンバーに入ってんの。要するにふられるのが恐くて、何も言い出せないのよ。自信がないんだね。あーイヤだ。

たまたまラウンジなんかで一緒になると、これ見よがしに、他の男のコに文学談義なんかしてさ。私に注目してもらいたいのね。健三郎がどーの、デリダがこーのなんて、単純なんだよね。そんなんで、私が尊敬すると思ってるんだから。

でも、とうとう彼、迫ってきたわけ。「キミほどビビッドな女性は見たことがない」ですって。口説き文句もカッコつけて、しかもハズしてるのね。で、私、ビシッと言った。「ゴメンなさい。私、カレシもセフレもいるんです」って。彼、一瞬、パンダみたいなボーッとした顔してた。もちろんウソだよ。こう見えても私、まだ処女だもん。したいとは思うけど、あんな男はイヤ。自分のプライドばっかり考えて、女を気持ちよくするどころじゃないよ。そんな男とする気は全然ないね。

59 彼女に淫らな錯覚を抱かせる「プレゼント作戦」

男が女に与えるプレゼントにもいろいろあるが、できることなら彼女が直接肌につけるものを選んでやるといいだろう。肌につけるものというので、下着をプレゼントする男もいるらしいが、相手とそうしたあけすけな関係にまだなっていないうちは、指輪やイヤリング、腕時計、ブレスレットなどがいい。

なぜかというと、こうした品物は、肌に直接触れるものであるがゆえに、プレゼントの主である相手の男性の存在を、いやおうなく意識してしまうからだ。それも、間接的でなく直接的な意識なのである。

きわめて女性らしい連想ではあるのだが、直接肌につける→相手の男と肌を触れるという意識が、彼女の心の中に次々に巣食っていくというメカニズムが働くわけだ。

そうした意識に支配されるのは、一日のうちのほんの一瞬かもしれない。イヤリングなら、それをはずすとき、時計なら、ふと時間を確かめるために目をやったときといった具合だが、こうした瞬間が積み重なって、女は知らずしらずのうちに、相手の男性と肌を重ねてしまったかのような〝錯覚〟に強烈に酔いしれていくのである。

60 女の方から電話をかけさせるとっておきのテクニック

いつもこちらから一方的に電話をかけるばかりでなく、女から電話をかけさせるように仕向けると、彼女は恋というゲームに積極的に参加するようになってくる。

女にとって男と電話でおしゃべりすることは一種のマスターベーションである。視覚的に性的興奮を覚えやすい男なら、ポルノ雑誌を開いて自慰をするところを、聴覚によって性的な想像をかきたてられる女は、電話で男性の声を聞くことで性的な欲望を刺激され、それで満足したりするのである。

男と電話をしたあと、性的に高ぶってしまい、声を思い出しながらその余韻に浸って思わず自分自身をまさぐってしまうということは、女の生理からいっても、決して珍しいことではない。女はささやきに弱いというのも、耳から感じるからだ。

彼女に早いうちに自分の電話番号を教えておく。そしてことあるごとに「帰ったら電話してくれ」と、こちらに電話をかけさせるようにしむける。電話をかけることによって、性的な欲望を覚えるということは、つまり体が相手の男を欲しがることにつながっていくからだ。

Step3

女がいつのまにか体を開いてしまう30の法則

——「今夜は絶対モノにしたい!」ときの攻め方・口説き方

61 女性が誘いを受け入れるかどうかは、ここでわかる!

女性を口説く場合、大切なのは、その瞬間に相手が誘いを受け入れやすくなっていることである。生理学的な言葉を用いると、女が相手の誘いを受け入れられるよう、女の心の中の〝閾値《いきち》〟を下げておくといい。

この閾値を簡単に説明すると、たとえば生物に一定の刺激を与えたとき、それがあまりにもかすかなうちは、かゆみや痛みは感じないが、刺激が一定レベル以上になると、はじめてかゆいとか痛いという感覚が生じてくる。その境目のレベルを閾値というのだが、じつはこの閾値はそのときの状態で高くなったり低くなったりすることが確認されている。

この考え方を応用すると、女はある一定の性感を得たとき、はじめてセックスを受け入れようとするが、これを女の性閾値として、これを下げてやれば、一気に最後の一線を越えさせることが可能になる。性閾値を下げるには、手を握る、肩を抱くなど肉体的な接触を絶えず行うことだ。キスのあとなどは女の閾値はぐっと下がっているから、陳腐な口説き文句でも、その効果は計り知れない。

62 女を「その気」にさせる絶好の時間帯とは？

女は夜遅くなればなるほど口説きやすくなるという迷信がある。この迷信のため、多くの男性が早い時間には映画や食事に誘い、夜もふけてから、酒を飲ませて、じっくりと女を口説こうとする。これで簡単に女が落ちると思ったら大間違いだ。

独身の男女学生を対象にしたある調査によると、女の性的欲求は夕方の四時、五時ぐらいから高まりはじめ、八時から十時を峠にして、その後は下がる一方だという。とくに女性は午後四時から七時にかけて、男性よりも性的欲求が高くなり、暗いところにいるほど、この傾向が顕著になるという。つまり、女性は夕方早い時間の方が、心理的に男に身をまかせやすい状態になっているのだといえる。

このことから、彼女を口説くつもりなら、夜は遅くならないうちに、せいぜい夕方の七時ぐらいから、なるべく薄暗いところで口説けということになる。夜の十二時すぎに彼女をラブホテルに連れ込もうとして必死になって口説いても、その成功率はあまり高くないからだ。むしろその前の時間帯に女に迫れば、女は自分の内奥からつきあげてくる衝動をおさえきれず、落ちてしまう可能性は高い。

63 女が思わず身をまかせてしまう〝理想の男〟とは？

女は本能的に〝強い男〟の精子を欲するものだ。よりすぐれた子どもを生みたいという女の無意識の願い、それは原始時代の昔から現代にいたるまで変わらない。

ただ、強いといっても、昔と今ではその意味は異なる。自然の中で生きていかなければならなかった昔は、強靭な肉体と人並み外れた腕力をもつきびしい男が理想だったのだが、現代では、ストレスの強い社会を、しっかりと生きぬくだけの強い精神力をもった男が、女の理想といっていい。

つまり、いくら頭がよくても、気の弱い人はダメということだ。よく、テレかくしに妙に露悪的にふるまったり、いいわけがましく、自分のダメさかげんをあげつらう小利口な男がいるが、そういう男には、女は決して魅力を感じない。また、気に入られるために彼女を笑わせようとするばかりの男も女に軽蔑される。

こんな男性はすべて、精神的な弱さ丸出しだ。これでは女はついていけない。女は実際に強いか、さもなくばウソでもいいから強がる男を理想とする。そして、そういう〝理想の男〟が迫ってくるとき、女はたまらず男の要求に応じてしまうのだ。

女はこんな男に体を許してしまう!❶
女が思わず心を開く男とは?

自分のテリトリーをもっている
センスがいい
礼儀正しい
ビシッッ
清潔感がある
さりげなくセクシー
ステキ〜♥
テリトリー

64 「女の前では自然にふるまえない」人への処方箋

好きな女性を前にすると、恥ずかしさで顔が赤くなり、彼女にバカにされるのではと心配している人はいないだろうか。これは心配無用だ。むしろどんどん恥ずかしがって、顔を赤くすればいい。その方が下手な演技をするよりずっと効果的だ。

喜怒哀楽の感情をストレートに表現する男性は、女性の目にはとても魅力的に映る。女性は自分を防衛する気持ちがつねに働いているため、自分の心に何重もの垣根をめぐらして、自分の気持ちを隠し通そうとする。女性が思わせぶりなことばかり言ってなかなか本心を表わそうとしないのもそのためだ。

しかし、女性はそれだけに、ナマの感情を自由に表わすことに強い憧れを抱いている。若い男性が顔を赤くして、ムキになって自分の意見を主張すると、「可愛いのね」などと言う女性がいるが、それは決して男性をバカにしているのではなく、「自分の気持ちに正直なあなたってステキよ」と、告白しているのだ。女はこうした男の姿に逆に強いセックスアピールを感じ、積極的に迫られると、たまらず心と体を男の前に開いてしまうことが多い。男のマジメさ、一生懸命さは意外な武器なのだ。

65 「絶対この子とキメたい」ときの上手な酔わせ方

女を攻めるには、酔わせるのが手っとり早いと、女を酒の席に誘う男性は多い。もちろん、女性はアルコールが入れば、大脳皮質が軽く麻痺《まひ》するため、ガードがゆるみ男性の要求に応じやすくなるのは事実である。しかし、酔うならなんでもいいとばかり、ビールやワインをむやみにすすめるのは考えものだ。ビールやワインでは、男性の期待するほど、その効果は劇的には表われないからである。

ビールを一本飲むと、人間は腹がはり、セックスの衝動は減少する。小食な女性の場合はなおさらだろう。生理的にいえば、人間は腹がはると視床下部にある摂食中枢が満たされるため、性欲が減少してしまうのである。これが強い酒、ウイスキーやブランデーなどだと、少量でもアルコールが一気に大脳皮質を襲い、しかも腹ははらない。だから、女性に酒をすすめるのなら、ビール、ワインよりも、ウイスキー、ブランデーなどの強いものをすすめるのが上策だ。もし女がウイスキーを飲み慣れていないというのなら、カクテル類をすすめるのもいいだろう。カクテル類は飲みやすいわりにはアルコールが強い。一杯でビール一本分に相当するのだから。

66 こんな「非日常的な空間」なら、女はすべてを許してしまう

以前、ある映画に、旅客機の中でのセックスシーンがあり、その大胆さが話題を呼んだことがあったが、現実に、非日常的な場所でのセックスは結構多い。

たとえば、新幹線のトイレの中とか、公園の草むらなどで体を男性に許してしまう女性は意外と多いし、また、ふだん入ることもないような豪華なホテルや海外旅行先で、それまでガードが堅かった女が、たやすく体を開いてしまうことはよくある。

女がそうした場所で男に体を許してしまうのは、旅先や乗物の中、格式のあるレストランといった非日常的な空間は、女性の心理に無意識のうちに軽い興奮を与え、その興奮が生殖器に刺激となって伝わって、生理的な高ぶりをひきおこすからだ。

これを利用すれば、日ごろ堅い彼女のガードも、意外なほどたやすく崩すことができる。試しに彼女を旅行に誘ってみるといい。もし、彼女がそれにＯＫすれば、セックスに応じたのと同じことである。周囲の目を気にしなくてもいいから、旅先では女は考えられないほど大胆にふるまうはずだ。

また、豪華なホテルのバーなどふだんいきつけない場所に招待するのもいい。

67 女はこんな「言葉の愛撫」で感じてしまう！

女性のファッションは、女の自我の延長である。女が自分のファッションをほめられたとき、そのほめ言葉に陶酔するのは、女性のファッションが皮膚の一部になっているからにほかならない。

女はファッションをほめられることによって、素肌を愛撫されたのと同じ快感を感じてしまう。女は、服の上にも皮膚感覚をもっているのである。

「この服、肌触りがよさそうだね」とか、「色がしっとりとしていてとてもステキだ」などと、ほめながら彼女の服をなめまわすように見つめてやるといい。敏感な女性なら、ときにモゾモゾとくすぐったがるほどの反応を示すはずだ。とくに、色彩や形など、具体的な点をていねいにほめあげてやると効果的だ。女はあたかも全身を男の舌でなめまわされたかのような錯覚に、たまらず高まりを覚えてしまうことすらある。女の服をほめるのは、触れずして彼女を愛撫しているのも同然なのだ。

脚や胸に注ぐ以上の関心を彼女の服装の上に注ぎ、言葉で愛撫しつづけてやると、彼女はついにはホンモノの愛撫を自分から求めるようになっていくにちがいない。

68 視線ひとつでガードの堅い美女を落とす法

初対面で相手のどこを真っ先に見るかという質問に対して、男性の答えは女性の髪や目、胸、脚などに分かれる。しかし女性は男性の目を見るという答えが圧倒的に多いという。女性が男の目にもっとも注目するというのは、男が視覚的な動物であることを本能で知っているからに他ならない。

女が男の視線に注意を払っていることを認識すれば、女を口説くとき、視線の使い方がいかに大事かがわかるはずだ。

たとえば、自信に満ちた力強い目つきで女性の目を見据えることで、相手にセックスで征服されることを強く意識させることが可能になることすらあるものだ。

また、ちょっと上目づかいでためらいがちに女性を見つめる視線は、相手の魅力に負けた男の素直な態度や、いじらしさを感じさせ、母性本能をくすぐる。

このように女を口説くときには、目は口ほどにものを言うものだ。

こうした視線の使い方ひとつで、一見、落城は無理と思われるようなとびきりの美女でも、いとも簡単に落ちてしまうケースは少なくない。

女はこんな男に体を許してしまう！②
女が思わず心を開く男とは？

誕生日に花束を
プレゼントしてくれる

体調の悪いときに
さりげなく気を使ってくれる

69 女が涙を流すのにはどんな意味がある?

人間の心と体とは微妙に一体化していて、心の動きというのは、本人の意識と関係なく体の動きに反映するとされている。好きな男性にこれから抱かれようとするとき、愛液が分泌し、いわゆる〝濡れる〟状態になるのは、まさしくそのためだ。

こうした女の生理は、ときとして、男にとって思わぬ逆作用をひきおこす。たとえば何回もデートを重ね、セックスの関係はなくても、ほぼ彼女の心が自分に傾いているとしよう。そんなとき、「ここがチャンス」とばかりに、デートの別れ際「次は、二～三日一緒に過ごそうよ」などと誘いかけると、思わぬ拒絶にあうことがある。

男としては、絶対にOKの返事がもらえるものと思って誘っているのに、涙さえ浮かべて「そんな人だとは思わなかった」などという答えが返ってきてオタオタしてしまう。しかし、それでガックリきてはいけない。

女は愛の深まりを覚えると、エストロゲンという女性ホルモンの分泌が異常に高まり、発汗したり、涙腺がうるんだりする。愛液もエストロゲンの影響で分泌されるのだから、女に涙を流して拒絶されたからといって失望することはないのだ。

70 「抱ける女」をそのしぐさで見分ける方法

ボディランゲージという言葉をご存じの方も多かろうが、それをさらに一歩進めて、動作、ふるまいによって、その人が心の深層でどんなことを考えているかということを〝解読〟することができる。

無意識のうちに、人はだれでも心の中を表わす動作やふるまいをするということだが、セックスに関係した深層心理も、もちろんボディランゲージとなるわけだ。

たとえば、女の場合、ひんぱんに髪の毛に手をやるというのは、日常の性的好奇心も旺盛で、性欲も強いというシグナルである。髪の毛というのは、女性の性感帯のひとつで、心の奥底にあるセックスへの欲求・関心が、本人も意識しないうちに、髪に手をやるという動作になって表われてしまうわけだ。

性感帯そのものにかぎらず、その周辺に手がいくというのは、たいていの場合、似たような心理が働いている。スカートのすそをひっぱるとか、足を組み替えるのもそうした一例だ。こうした動作の目立つ女があなたの身近にいたら、それとなく誘いをかけてみると、意外にあっけなく要求に応じるということも大いにありうる。

71 女がこんなメイクをしてきた夜は、絶対に帰すな

男は、仕事という格好の自己表現の手段をもっているが、女の場合、仕事がそうであることは少ない。なかには〝キャリアウーマン〟のような例もあるが、それとて、仕事だけでその女性が評価されているかどうかとなると、はなはだ心もとない。

いきおい、女はメイクアップやファッションによって自己表現せざるをえなくなるわけである。ヘアースタイルをある日突然変えたりすると、「何かあったの？」「失恋でもしたんじゃない？」などと冷やかされるのは、そうした女の特性を男たちが心得ているからだ。また、いままで地味な色、デザインの服を好んで着ていた女性が、急に黄色や赤といった派手な服を着るようになったような場合は、その女性の心の底には、セックスに対するかなり強烈な欲望がきざしはじめてきたと判断していい。

はっきりした兆候はなくても、アクセサリーをつけるようになったとか、マニキュアの色を変えたなどと、ささいなところで変化を見せる女には要注意である。

それによって、あなたの自分に対する関心度を測ろうとし、あなたに対する独占欲が強まったという証拠でもあるからだ。

72 女を騙したければ、まず騙されてみろ

女のウソは可愛いものだが、それがあまりにも極端になると鼻白んでしまう。しかし、これまでそんなことがなかったのに、急にウソが目立つようになったら、それは女の心の中で大きな心境の変化があったと見ていい。

女のウソのほとんどは、他人に注目されたい、人より目立ちたいというナルシシズムから発している。つまり、皆が自分の話題や話術に拍手喝采を贈ることを望む〝喝采願望〟が働いているのである。心理学的に見ると、これはヒステリー性格（自己顕示性性格）といい、じつは未熟な人間に多く見られる。男と比べて社会でふるまうことの少ない女にこうした傾向が出てくるのは理解できるところだ。そうした目で眺めてみると、女にこの手のウソが多くなるということは、女が自らのナルシシズムに酔い、すでに男に対し身も心もさらけ出してよいというＯＫ信号である。

女のウソは、女が抱かれてもいいことを表現しているというわけだ。そんなときに、女のウソを指摘したりするのは、せっかくのチャンスをむざむざ逃がしてしまうようなものだ。相手のウソに合わせてやれば、彼女は急速に接近してくるはずだ。

73 女をベッドに誘うのにいちばんいい酔い加減とは?

パブやスナックに女を誘うとき、男には、相手が酔ったら、そのままモノにしてしまおうという下心が隠されていることは否定できない。実際、その手の店からラブホテルまで直行するカップルも少なくない。だから、男は女を酔わせようと、無理強いに近い形でお酒を勧めたりしたがるのだが、これは失敗するケースが多い。

お酒で女を口説くのにもっとも都合がいいのは、シングル二～三杯くらいでホロ酔い気分になったときだ。大脳生理学的にいえば、この段階では、理性や情緒をコントロールする大脳の新しい皮質が軽く麻痺している。つまり、相手に対する警戒心や世間的な道徳といったものが薄らいでいるのだ。すると、人間の潜在的な性欲や食欲をコントロールする大脳の古い皮質が活発になりはじめ、男のベッドへの誘いも受け入れやすくなるのである。しかし、それ以上酔うと、今度は肝心の古い皮質まで麻痺して、性欲は消えうせてしまう。泥酔するとセックスに対して不感症になるのは、男性もよく経験することだろう。酒場で口説くなら、決して時間をかけず、女性がホロ酔い気分のときに一気に攻め上げるのがいい。

女の子だって「期待」しているのに……。

彼とつきあいはじめて三カ月になるんだけど、彼は私の手すら握ってくれないんです。デートで道を歩いているときも、離れたままで、近づこうとすらしません。純情なのかオクテなのか、最初のころは〝マジメな人なんだ〟って好意的に解釈してたんですけど、最近ではなんだかもの足りないんです。

デートコースもいつも同じで、六本木か渋谷で待ちあわせて、食事のあと軽く飲んでおしゃべり、夜の十時を過ぎると「送っていくよ」でおしまい。何の進歩もないんです。この前なんか、私、わざとお酒を飲んで乱れて彼を挑発したのに、全然効果なし。これじゃつきあう意味ないんじゃないかな。デートの前から、その日の結論が見えるんですから、こんなつまらないデートってありません。でも、こんな彼だし、私から「キスして」とか「抱いて」なんて言っちゃいけない感じで……。

女にとって男の人とのデートって、今度は何が起こるのかしら、彼、何をするのかしらって期待があるから楽しいんです。それなのに、彼とのデートって、何の意外性もなくて、正直言ってつまんない。もし彼と結婚することにでもなったら（ならないけど）、毎日が死にたくなるぐらい退屈なんじゃないかしら。

彼、なんだか頼りなく思えます。このまま彼についていっても、あまりこの先、楽しいこともなさそうです。どうしようかって考えてしまう今日このごろなんです。

74 誕生日こそ、女をモノにする最大のチャンス！

昔から誕生日というのは、子どもにとって最大のお祝いごとである。この日が近づくにつれ、子供たちの胸は高鳴り、当日は、どこか厳粛な気分にも似た心で迎えるという場合がほとんどだろう。男性の場合、こうした気持ちは、高校生のころから薄れていくものだが、女は違う。それは、女のもつ〝幼児性〟にも原因があるが、女たちにとってはまた別の意味があるのだ。女にとっての誕生日は、自分の父と母の愛の営みを再確認するという意味をもっている。そしてこれが、女の心の中に一種性的な興奮を呼び起こすのである。

となれば、女の誕生日は、一年のうちでもっとも性的な高まりが隠されている日と見ていい。隠されているどころか、人によっては「この日を迎えた記念に」とか、「そろそろ本当の大人になりたい」などという言葉をはっきりと口にする女性も最近では少なくない。こうしたチャンスを逃がす手はないはずだ。女の嗜好に合ったプレゼントをしたり、食事に誘うなどして、うまく導いていってやれば、こころよい返事がもらえることは間違いない。

75 いざ愛撫……手を払いのけられたらどうする？

夜、部屋の中に二人きり……こんなとき、男が女にさわりたがり、女が男にさわられたがっているのは、皮膚の接触を快感とする人間の生理上、当然のことだが、女はそれを絶対に男に知られまいとして、強く心に垣根をめぐらしている。そのため、男が手を伸ばしてきても払いのけるわけだが、たいていの男は、女が一度払いのけた段階で必要以上に憶病になり、二度とその女に触れようとしなくなる。しかし、そのまま終わってしまえば、じつはいちばん失望するのは、手を払いのけた彼女自身なのだ。

女は男にさわられ、最初はそれを拒絶するが、生理的には高ぶってしまうため、意識の底のほうで、再度、男がさわってきてくれることを願望している。女の拒否が本当の拒否でないということは、ここをよく理解しておけばわかるだろう。

すなわち、一度拒否されたら、すこし時間をおいてから再度アタックするようにすればいいのである。ここで怖がって逃げてしまうと、男は二度と彼女にさわることはできない。ためらわずに二度目のタッチを敢行すれば、女は意外なほどたやすく、その接触を受け入れてしまうのだ。

76 女心をたやすく溶かす「キミだけ」という言葉の魔力

「キミだから言っておくけど……」「キミだけにはわかっておいてほしいんだが……」と言われて、心を動かされない女はいない。女は〝キミだけ〟と、自分を特別あつかいしてくれる男の言葉を、無条件で受け入れてしまうのだ。

これは、女性独特の、他人志向の考え方からきている。女は自分の価値を、あくまで他の女と比べた形でないと理解できない。「キミだから」「キミだけ」と、自分だけを特別にピックアップされると、女は自分に最大の価値があると理解するのだ。

この女の特性を利用すれば、たやすく女の気持ちを開かせることができる。彼女を特別に認めているのだということを、女に向かって言う言葉のはしばしにちりばめておくのだ。「キミにだけ教えておくが……」「キミにしか相談できないから」などと、彼女が、その男にとって特別な女性であるということを、それとなく暗示しつづけてやるわけである。

そうすれば、彼女は自分自身を特別視してくれる男に対して、特別の目で眺めはじめ、「彼にだけはわかってほしい……」などと感情移入を始めてしまうのである。

77 女をスムーズにホテルに誘う方法

若い男が失敗するケースでいちばん多いのは、ラブホテルに入るのに、相手の同意を取りつけようとすることだ。誘われた女は、本心から同意しても、そのことを口にするのにはためらいがある。二つ返事で男とベッドインするような尻の軽い女とは思われたくないのである。

このようなときには、ズバリ、あとで女が自分に対して言い訳できるようにしてやると、抵抗なくホテルに誘い入れることができる。

「腕をつかまれて強引だったんですもの。半分は強姦のようなものよ」

「酔っていてどこを歩いているかわからないうちにホテルに連れられて入ったの」

「電車がなくなったし、眠くなったから、休んでいくつもりだったのよ」

「仕方なく」と自分に言いきかせるのに都合のよいエクスキューズを男が女に与えることによって、ベッドインは可能になる。

体はOKしているのに、頭ではためらいを見せている女には、このような強引さと心配りでリードしてやれば、体を開くことにこだわりがなくなる。

78 うまいヤツほど「ホテルに入ってから」慎重になる

一般に男は「ホテルの部屋に入ったら、もうこの女はこっちのものだ」と思いがちだ。しかし実際には、女性はホテルの部屋に入ったときが、心理的にはもっとも敏感になっている。本当に私を愛しているのか、体だけが目的ではないのかと疑心暗鬼になって、男の心のうちを微妙に推し量ったりするのもこのときだ。

また、女は生理学的に見て、新しい環境になじむのに男より長い時間がかかるから、ホテルの部屋に入ってしばらくは、女性の心はかなり混乱しているものだ。

まだ経験の少ない若者など、こんなときにいきなり彼女にむしゃぶりついていったりするが、それでは女性は恐れのあまり、泣き出したり、逃げ出したりしてしまうのがオチだ。また、かりに目的を達したとしても、そうした無神経なやり方では、「この男は結局、私の体だけが目的だったのね」と彼女に思いこませてしまい、二度目のセックスができなくなってしまう恐れが十分にある。

そういうダメな男にかぎって、「ＯＫしたくせに、いざとなると拒否するのか」などと怒るものだが、それではまだまだ未熟と言う他ないだろう。

女はこんな男に体を許してしまう！③
女が思わず心を開く男とは？

言いたいことははっきり言う

必要なときには毅然として店を出る

79 彼女に冷たくされたら、じつはそれがチャンスになる

私は、この男と寝てしまうのでは——女は男に口説かれるときに、まるで他人事のように、自分が落ちるかどうか予感するという。実際、女は自分の頭では理解しえない生理的なものに突き動かされて男とベッドをともにするのである。女を次々にモノにする男は、このコツをじつによく心得ている。

ところが、口説き落とされることを予感しても、相手の男が自分の好みのタイプでない場合、女はじつに複雑な心境にとらわれる。生理的にはすでに男の側に歩み寄っているのに、理性はそれを引き止めようとし、自分が分裂してしまうのだ。

女が限りなく残酷になるのは、まさにこういうときである。男とくらべて弱く、受動的な女は、自分を守ろうとするとき、信じられないほど残忍で冷酷な態度をとるのだ。だから、女から冷たい仕打ちを受けたからといって落胆するのは早計だ。決定的な破局ではなく、逆に体はすでに男のほうに向かっており、心と体がアンバランスになっている証拠である。もうすこし時間をかけて攻めれば、女はいくら心の中で抵抗しようと、自ら体を開くはずだ。

80 「みんなやっている」――これが最高の媚薬！

女が示す順応性は、男から見ていて驚くばかりだ。毎年流行するファッションやメイクをまたたくまに取り入れてしまうのは、女性特有の習性といっていいだろう。

これまで何回かくり返して述べたが、女は本質的に受け身の存在である。そのため周囲に影響されやすいわけだが、とくにまわりがみんなやっているから自分もやるというように、大勢に同調しやすい。そのうえ、日本人はA型の人が多く、その性格が日本人の文化に深く影響している。つまり他人との協調性が強い血液型の人々が主流を占めているから、女たちの順応性にいっそう拍車をかけることになる。

こういう女の習性を利用して口説くと、いとも簡単に目的を達することができる。たとえば、カップルが大胆に抱擁し合っているような公園に女を誘うのである。はじめはそこにくり広げられるあられもない姿態にとまどいを見せるかもしれないが、やがて周囲に刺激され、逆に行儀よくしている自分に対して違和感を覚えてくる。そこを狙って、男がボディタッチから口づけへと迫れば、女はまったく抵抗を示さないどころか、自分から積極的になることをいとわなくなる。

81 女が発する無言のOKサインはこう読みとれ!

彼女にセックスを求めたとき、彼女が言葉でOKしないからといって、すぐにNOなのだと考えるのは早計だ。女は男が思うほど、言葉を信じていないからである。男はつねに理性的、論理的であろうとする。つまり、言葉の世界に住んでいる〝動物〟だが、女は生理、肉体の世界に住んでいる。〝女は子宮でものを考える〟といわれるのは、そのためだ。当然、女は自分の気持の表現を肉体的に、生理的に行おうとしたがる。女は、言葉以外のやり方でシグナルを発することが少なくないが、その言葉以外のサインが往々にして重大な意味をもっていることがしばしばある。女の気持ちを理解するには、この言葉以外のサインを確実に読みとらなくてはならない。

たとえば、街を歩いているときに、彼女のウエストを抱いても拒否しないとか、二人で飲んでいて、夜遅くなっても終電の時間を気にしないというときは、彼女は無言でOKのサインを出していると思っていい。そうしたサインを見落とさないよう、注意を払っておくことだ。この女の無言のメッセージを男が見落としたとき、女は「鈍感なのね!」と愛想を尽かすのである。

82 首すじをうまく攻めれば、女は抵抗できなくなる!

いざ彼女とベッドインというときになって、スムーズに女の服を脱がせられないためにに失敗する男性は意外と多い。モタモタしているうちに女がシラけてしまうのだ。

服を脱がせようとすると、よく女は「イヤ」などといって軽く抵抗する。気の弱い男性だと、その言葉を真に受けて、一瞬動きを止めてしまう。すると、女はその瞬間に自分を取り戻し、急に冷静になって、最後には「この人と寝るのはやっぱりイヤ……」と気が変わってしまう。

こうしたケースを体験した人は少なくないはずだ。要はこうしたとき、彼女が「イヤ」と口に出させないようにしてやることだ。ちょっとしたテクニックなのだが、キスで彼女の口をふさぎながら、スムーズに脱がせてやるなどもいい。こうすれば、彼女は自分の口にした言葉の暗示にかかることもなく、無抵抗で体を開いていく。

また、首すじを舌で舐めてやるのもいい。動物が獲物を狙うとき、まず首すじにかみつくが、このことからもわかるように、首すじや口を口で愛撫されることは、生理学的に見て無抵抗を意味する。このやり方なら彼女も体をあずけざるをえない。

83 狙った彼女に恋人がいても、あきらめてはならない

現代の女性は、同時進行で何人ものボーイフレンドをもつことにさほどの抵抗感はない。一人で数人の男性と肉体関係をもっている女性などザラにいる。

たとえ自分に特定のセックスフレンドがいようが、男から言い寄られるというのはやはり女冥利に尽きる。その快感をまっこうから否定するほど、いまの女性はストイックでも道徳的でもない。

生理学的に見ても、女という存在は、本能的につねに〝強いオス〟を選択しようという衝動にかられる動物のようである。生理学者のエリスは、処女膜がなぜ動物にはなくて人間にだけあるのかを研究して、自然淘汰説を主張している。つまり、処女膜とは、それを突き破ることのできる〝強いオス〟を選ぶためにあるのであり、弱い男のタネを後世に残さない機能をもっているというわけである。

「膜は男を裁く」というのは彼の言葉だが、ことほどさように、女は男を選択することにあきない。だから、自分が好意を抱いている女性に特定の相手がいるからといって、あっさりあきらめてしまうのは、あまりに早計と言える。

女はこんな男に体を許してしまう！④
女が思わず心を開く男とは？

くだらない話でも聞いてくれる
うんうん
でね〜
さりげなく荷物をもってくれる

84 女がデートに遅れてきたときはどうする？

これまでは時間に正確な女が、デートの待ち合わせに遅れてくるようになると、「もう気がないのでは？」と思いがちだが、これは男の思い込みである。というのも、女がデートに遅れるのは、その男を強く意識しはじめたケースであることが多いからだ。女にはつねに男を独占したいという欲求があるが、自分が好きになりかけた男に対しては、なおさらその欲求が強く働く。女は、自分が相手を思っている以上に、相手の男に自分のことを思ってもらいたいという、じつに身勝手な存在なのだ。

女は男に自分を意識させるためには、あらゆる手段をとることをいとわない。そのごく初歩的な方法が、デートで男を待たせることである。男がじれて、イライラし、自分を待ち望む気持ちがいっそう高まることを願っているというわけだ。

彼女がデートに遅れてくるなら、遅れた理由を聞くようなヤボはせずに、積極的に攻めた方がいい。女は自分の仕掛けた罠に男がはまったことを喜ぶと同時に、自らもその甘い罠に陥る用意ができている。こんな日は、ホテルに誘うと女の方から飛びこんでくるにちがいない。

85 「失恋した女は落ちやすい」のはなぜ？

女は虚栄心の強い動物である。男性のように実力一本で生きていく自信がないぶん、どうしても見栄やプライドにすがろうとする。なかには、生きがいは、虚栄心を満たすこと以外にないと言った女性もいるぐらいで、女の生きがいは、この見栄といってもいい。ときに女の恋愛がこの虚栄心に左右されるのも無理はない。

とくに失恋をした場合、彼女の虚栄心はいたく傷つく。他の女性に対しての体面が丸つぶれになってしまう。そんなとき、女は何でもいいから新しい恋人が欲しいという心境になる。大恋愛のあげく失恋したと思っていたら、その恋の痛手もいえないうちに、さっさと別の男と結婚して周囲を驚かせる女性が多いのもこんな理由からだ。

男としては、そのチャンスに乗じるのもひとつの方法である。この女心をゆさぶれば、彼女は意外なほどあっさりと、心と体を開くはずである。

彼女が〝過去の男〟を忘れられないのではないかと不安になる向きもあろうが、女は現実的だ。新しい恋人ができたら、「今度のヒトのほうがずっとステキ」と自分で自分を納得させるうちに、女は本気でそう思い出すものなのだ。

86 このタテマエがあれば、女はどんな行為にも応じる！

男はセックスに何のカザリもない。ただただ快楽のホンネがあるのみだ。それに対して女のセックスにはタテマエがある。すなわち女はセックスをあくまで二人の愛の結果であるとか、運命的な出会いのため、などと考えたがるのである。

でなければ、女は男の前に体を開くことはできない。女はセックスをする理由をつねに欲しがる。ただ、気持ちがいいからするのだとは思いたくないのだ。

女はかりにセックスに応じたとしても、「私は快楽だけでするのではない。男が求めるからしかたなく応じているんだ。二人の愛を確かめるためにするんだ」と、つねに自分に言いきかせ続ける。もし、男がこれを認めてくれず、セックスだけを求めているそぶりを見せたとき、女はその男を拒否してしまう。

女に自分から体を開かせるには、女のタテマエを認めてやることだ。そのタテマエさえたてば、彼女は安心してセックスに没頭することができる。男が女に対して、愛しているよ、好きだよ、と絶えず暗示を続けてやれば、女は驚くほどセックスに対して大胆になり、自ら腰を使って声を上げることもいとわなくなるはずである。

87 女の嫉妬心を刺激して体を奪う上級テクニック

女は無意識に同性と自分とを比較することがよくある。それが極端になると、他人に対してやみくもに嫉妬心が湧き起こり、女は猛烈な競争意識をかきたてる。

この女性特有の心理を上手に利用すれば、どんな女性も必ずモノにできる。たとえば、女の前でチラチラと他の女の話をする。しかも、相手が知っている女をもち出せば効果てきめんだ。「ホラ、あの○○さんて、髪型が似合っているね」「キミの友だちの××さんは脚がきれいだね」などとさりげなく言う。すると、相手の女は心の中でメラメラと嫉妬心を燃やす。「フン、あんな人より私の方がいいわよ」とばかりに、それを認めさせようと、男の興味を自分に引きつけるために必死になるのだ。

嫉妬心は、女の生のエネルギーと言ってもいい。女は何とも思っていない男でも、他の女をほめたりすると、その女に嫉妬し、簡単にベッドインしてしまうこともある。

ただし、他の女をあまりほめすぎると、相手の女は深く傷つき、本当に心を閉ざしてしまうか、手ひどいしうちをしてくるのがオチだ。あくまでも、ちょっとだけ嫉妬心をかきたてるように攻めてやればいいのである。

88 セールスマンに学ぶ「堅い女」の落とし方

女の男との交際を買物にたとえるとどうだろうか。欲求不満から衝動買いすることもあれば、将来を考えてじっくり品定めすることもある。しかし、あくまでも買手である女が主導権をもっていることを忘れてはならない。優秀なセールスマンは、商品を売るのではなく、自分自身を売るといわれるが、まさにその要領が必要なのだ。

それはともかくセールスのコツは、少なくとも三回くり返すことだという。一回目は相手の注意を引くため、二回目は相手に考えてもらうため、そして買う気にさせておいて三回目はいよいよ踏み切ってもらうためのダメ押しである。

女を攻めるとき、このパターンが効果を発揮することは言うまでもない。口説き文句は三回くり返す必要がある。といっても、はじめからベッドに誘うような言葉を使うと相手に警戒されてしまうので、冗談にまぎらわせて下地を作っておくといい。次に、かなり真剣な態度で迫り、決して冗談でないことをわかってもらう。そしてとどめは、ずばりデートに誘ってしまう。こうした思わせぶりを巧みに行うと、女は最後にとどめをさされてしまうものなのだ。

今夜は一緒にいてほしいのに……。

いまつきあっている彼、あまりにも鈍感で困っています。性格はいい人なんです。男らしくて、正直で、自分の気持ちにとっても素直。いまの男性に珍しい、きれいな心の持ち主です。これは私だけでなく、私の両親だって同意見なんです。

でも、女心にうといっていうのか、鈍いっていうのか、私の気持ちを全然わかってくれないんです。そんなところがいいって言えばいいんだけど、でも、イヤになる日もあります。二人で、公園のベンチに座っていたときのことです。二人ともちょっと酔っていて、酔いざましに散歩してたんですけど、すっごくいいムードでした。で、私、彼の肩にスッと体をもたせかけたんです。キスして欲しかったんです。そしたら彼、「眠くなったの？」なんて言うんです。黙って私を抱きしめて、キスしてくれると思ってたらこれです。あたし完全にしらけちゃいました。

万事がこの調子なんです。やっぱりデートしてて遅くなっちゃったので、私は「なんだか眠くなっちゃったなー」って言いました。これ、今夜は一緒にいてほしいって意味だったんですけど、彼ったら、「そうか、じゃ早く帰ろう」なんて……。私、勇気を出して、思い切って言ったつもりなんですが、彼ったら何もわかっていないんです。いい人なんですけど、これじゃ、あたしの気持ちはどうなるのって言いたくなります。もうすこし女のコの気持ちをわかってほしいんですけど。

89 一緒に軽くスポーツで汗をかくだけで、女の心は動く

「セックスなんて、一種のスポーツだよ」と軽いフィーリングで語る男がよくいるが、たしかに、最近は昔のようなセックスに対するジメジメしたイメージというのはなくなりつつある。考えてみれば、セックスも体を動かすわけだから、スポーツだと割り切って考えるのも、あながち的外れとは決めつけられない。

医学的に見ても、前戯というセックスの初期段階の肉体と、軽いスポーツを終えた後の肉体とは、体温の上昇、発汗など、ほぼ同じ状態にあるというデータがある。ということは、軽いスポーツを終えた時点での女は、本人が意識しているいないに関係なく、性的にも興奮状態にあるといえよう。

こういうタイミングをねらってセックスに誘うと、たとえその場ではOKしなくても、意識の底深くに、誘われたときの言葉が残る。そして、それが後日になってから頭をもたげてきて、何カ月かあとに誘ったときはOKということも十分ありうるのだ。

〝三カ月ごろし〟をめざして、こうしたテクニックに訴えてもいい。

90 女の性欲と食欲の「深い関係」を利用しろ！

ヨーロッパの修道院では、修道僧たちが毎日大量に牛乳を飲むそうである。その理由は、牛乳をたくさん飲んでおけば満腹状態を維持しやすく、性欲が高まって不埒《ふらち》な行為をしたりしなくてすむからだという。医学的に見ても、たしかに空腹のとき人間は性欲が高まるし、また、牛乳に含まれるカルシウムの神経鎮静作用も期待できるから、この習慣はじつに理にかなったものである。

人間の二大欲求である性欲と食欲は、決してその質が一致するものでなく、むしろ互いに補い合うといった関係にある。食欲が満たされないと、種を保存するための行為、つまりセックスに対する欲望が強くなるし、逆に性欲が満たされないときは、異常なほど食欲が高まったりするわけである。この大原理からすれば、女を誘うときは、腹の空いている女を狙えということになる。が、だからといって食事もせずにホテルに行くというわけにはいかない。食事をすませ、お腹が落ちついてきたころあいを見て彼女を誘った方がいいだろう。満腹感によって腹部に血液が多量に供給され、大脳皮質の感覚中枢が鈍ったときは、女をモノにする絶好機なのだ。

Step4

女の性感を高めて我を忘れさせる22の法則

——女に強烈な快感を与えるテクニック！

91 エレベーターの中は、女を誘う絶好のチャンス！

よくデパートやビルなどのエレベーターで、偶然、見知らぬ男女二人が一緒になることがある。こんなとき、どちらも、非常に気づまりな感じを抱き、ドアが開いたとたんに心の平静さを取り戻すという経験は、どなたももち合わせているだろう。

これは、ひとえにエレベーターが閉じた空間であることによっている。心理学の理論によれば、閉鎖された空間に長くいればいるほど、人間は心の均衡を失い、極端な場合、異常さえきたすということである。

とくに女の場合は、そうした均衡を失うと、性的な心理が刺激され、気づまりの中に一種淫靡《いんび》な気持ちがきざしたりする傾向がある。となれば、知り合った同士の男女二人だけでエレベーターに乗ったときなど、唇を奪う絶好のチャンスだといえる。

また、時間にもよるが、ヒップを軽く撫でてやったり、バストを冗談めかしてさわったり、耳もとで卑猥な言葉をささやいたりして、女の心のバランスをさらに崩してやるのもいい。密閉された空間では、女も思わず誘いに応じてしまうことは十分考えられる。ただし、エレベーターには必ず監視カメラがついていることを忘れないように。

92 女が抵抗できなくなる「服の脱がせ方」とは？

女の性感帯は性器、口蓋、口唇など体の粘膜の部分に集中している。とくに唇は感覚が鋭敏で、女はキスされることによって生理的な興奮をひきおこすことは誰でも知っていることと思う。この性感帯をうまく利用すれば、セックスの際、女が示す拒否をスムーズにしりぞけることができる。たとえば、いざベッドインとなって女の下着を脱がすとき、下着に手を触れられただけで「イヤ」と声を出して抵抗する女は意外と多いが、キスをしながら下着に手をかけると、女は口という性感帯への刺激に神経が集中しているので、羞恥心を起こすヒマがないのである。

男にインサートされているとき、自分の格好を気にする女はいない。それと同様に、意識が口唇の快感へ集中してしまっているので、抵抗する気持ちが起きないのだ。

また、口をふさいでしまえば、「イヤ」と口に出して言えないという物理的な効果もある。女を攻めるときには、つねに羞恥心を感じるヒマを与えずに、連続的に性感帯を刺激しながら迫ることだ。とくに口唇、首すじ、うなじには大脳へ至る神経が集中しているので、軽い刺激にも敏感に反応することを覚えておくといい。

93 女の性感を大きく高める耳の攻め方

セックスのテクニックを書いた本を読むと、必ず出ているのが、女の耳もとで愛の言葉をささやくといいとか、耳たぶをかんでやると女は非常に感じるといった内容の項目である。しかし、医学的に見ると、耳たぶについてはちょっと疑問がある。

というのも、耳たぶは神経組織自体が少なく、性感も弱いからだ。血液型を調べるときに使うサンプルの血液は耳たぶから採取するし、女性のアクセサリーの一つのピアスも耳たぶに穴を開けてつける。このことからも、耳たぶがいかに鈍感な部分かということはよくわかるはずだ。

これに対して、耳もとで言葉をささやくというのは、じつに効果的なテクニックである。たとえば、耳のでっぱり、耳穴に近い耳珠は、毛根が多く神経組織や汗腺も濃密に存在しており、当然、性感も非常に強い。

そういった部分を舌先でなぞられたりすれば、女性が心の奥底に抱いているセックスに対する欲望も強烈に刺激され、興奮が高まっていくわけだ。ときには卑猥な言葉なども交えてやれば、女も必ず自分から腰を激しく動かしてくるにちがいない。

女の性感帯分布図
女の体のウィークポイントを知る

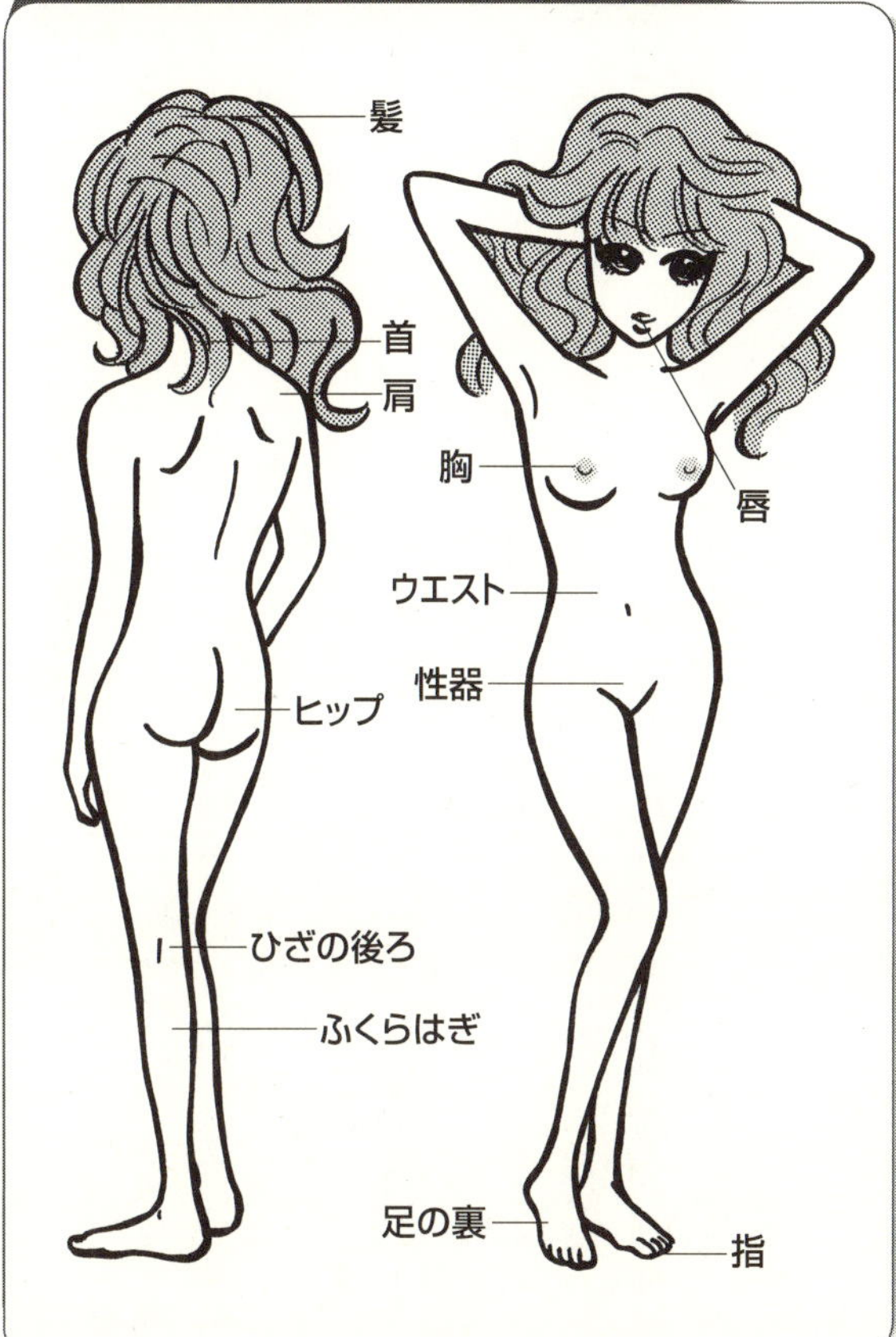

94 押されるだけで女が高ぶってしまうツボ「腎兪」

女との仲を測る目安として、男が女の腰を抱けるかどうかということがある。女の腰に手を回すことができれば、あとはベッドインするまで一気に進むことができるから、多くの男たちは女の腰をなんとかして自分のものにしようと努力する。

しかし、女の腰をいきなり抱こうとしても拒否されるだけである。腰にいたるまでの準備行動をつみ重ねておかなければならない。手、髪の毛、肩と段階をふんで、徐々に手を下にもっていくようにすればいいのだ。

もし腰に手を回して拒否されたときは、もう一度肩まで戻り、すこし時間をおいてから、再び腰に手を回すようにする。そうすれば、今度は男の手が腰に回されることをいとわなくなる。そして、腰に手を回すことができたら、次の段階では、ウエストにある「腎兪《じんゆ》」というツボを押すようにするといい。これは第十二腰椎の両側、すなわちいちばん下の肋骨から背骨の方に伸びたあたりにあるツボだ。女はこの腎兪を軽く刺激されると、生理的に高まりを覚え、性感を大いに高めるのである。デートのときなど、さりげなくこのツボを刺激するようにしてやるといい。

95 これがセックスを迫るときの最低のエチケット！

男性には永遠にわからない心理だが、女は妊娠に対して強い恐怖心を抱いている。女がセックスに対して抱く不安の多くは、この潜在的な恐怖心に根ざしている。男はセックスが終わればそれでおしまい、あとは気楽なモノだが、女性はそういうわけにはいかない。自分の体の中に子を宿し、産み育てるという作業が待っている。男にとってはセックスはひとつの結論でも、女にとっては、大きな始まりなのである。

女に体を開かせるには、この恐怖心をとり除いてやることが大事だ。一番いいのは、女の生理の始まる直前の〝安全日〟を事前に知っておき、その期間に狙いを合わせる方法だ。この期間なら彼女も恐怖心を抱かずにすむし、また、生理直前のため、心身ともに不安定で、欲望がたかぶりやすい状態でもあるからだ。

しかし、実際には彼女の〝安全日〟を知るのは容易ではない。そこで、次善の対策として、彼女とことに及ぶなら、必ずコンドームを用意しておく。いざ、ベッドインとなって、〝抜き身〟のままで襲いかかるようでは、彼女は恐怖心に打ちのめされ、とても楽しむどころではない。つねに、女には安心感を与えることが大事である。

96 こうすれば、彼女もたまらず腰を使いはじめる！

男がセックスに求めるものは、最初から最後まで射精の快感オンリーだが、女がセックスに求めているのは、生理的なエクスタシーだけではない。

女はセックスに、男から愛されているという精神的な充足を求めている。自分をいたわり、大事にしてくれる〝愛〟が必要なのだ。乱暴に挿入してきて、〝自分だけ満足してオシマイ〟式のセックスをされると、女性はこの〝愛〟を感じとることができない。むしろ、かえって男性に対して心も体も閉ざしてしまおうとすらする。とくに初めての夜など、前戯もせずに、あせって、むやみに挿入しようとすれば、彼女に決定的な不快感を抱かせてしまいかねない。

女性とのセックスでは、あくまで相手を喜ばせることが第一だ。自分は二の次、彼女がそれで喜ぶなら、もちろんのことアナルまでも舐めまくるほどの覚悟が必要である。あくまで女性本位に、彼女に気持ちのいいようにと心がけることだ。そうすれば、テクニックをこらさずとも、彼女もたまらず、自分から腰を使い出すほどに積極的になるはずである。

女のエクスタシーを見抜く法
女の絶頂感のしるしとは?

額、背中、鼻の上、わきの下などに
汗がにじむ
体が硬直し、けいれんを起こしたりする
苦悩の表情を浮かべる

97 花束以上に女を刺激するプレゼントはない！

女の誕生日などに、豪華な花束をプレゼントするという男は少なくない。そして、どんな女も例外なく、花束をもらえば喜ぶことだろう。こんなに喜ぶのであれば、もっとひんぱんに彼女に花束をプレゼントしたらいいのに……と言いたいところだが、男性、とりわけ日本人の男性は、それができない。

キザに思われるのではないだろうか、気恥ずかしくてといった気持ちがおそらく原因だろう。花束を贈ることにテレを感じるのは、現代人としてはふさわしくない。そういう考えは、いますぐにでも捨て去ったほうがいい。というのも、女が花をプレゼントされて喜ぶのには、れっきとした理由があるからだ。

ひとつには女特有のメルヘン願望が満たされるということである。そして、もうひとつこれが大切なのだが、花の匂いが女の性意識を強く刺激するからだ。医学的に見て、臭覚の刺激は神経の興奮に即つながり、性衝動を生み、性感を高めやすいのである。まして、その臭覚の刺激源が花ならば、見ても美しいわけだから、女の心にきざした性欲も、意識の上では美化されるという効用もある。

98 彼女の心をつかむための電話のかしこい使い方

女の体というのは、規則正しい単調な振動に弱いという特徴がある。ベテランのプレイボーイともなると、このあたりのことはとうに心得ていて、セックスの際に、乳首を同じインターバルでついばんでみたり、クリトリスを愛撫するときにも、強く弱くを何度もくり返したりなどというふうなテクニックを用いているようだ。

そして、この原則は女の心にも当てはまる。つまり、心理学的に見て、同じことのくり返し、単調さといったものが、女には意外とすんなり受け入れられるのである。

たとえば、毎晩同じ時間に電話をかけてやるとかいった習慣に女を慣らしておくと、それが達成されないとき、ひじょうに不安を覚えたりするわけだ。

デートの翌朝、ある決まった時刻に、かならず電話をかけてやるなどといった習慣をつくっておき、一回だけわざとその電話をかけなかったとしよう。すると彼女は、「どうしたんだろう」という疑念にとらわれる。

そんな不安におちいっているタイミングをとらえて電話を入れてやると、彼女はその不安を解消する以上の安心感を覚え、実際以上の誠実さを印象づけられるわけだ。

99 セックスで飽きられないためにはどうすればいい？

いったんはセックスすることに同意しながら、なぜか途中で気が変わって、「帰る」と言い出す女は多い。この不可解な態度は、たんなる気まぐれではなく、女の生理にもとづいている。こうしたときは、自分の行動や身の回りを点検してみる。具体的にいえば、汚いベッド、うらぶれた連れ込み宿、卑わいな言葉、慣れない男のエスコートぶり、あまりにも露骨な男の目付きや動作……このように、相手に不潔感を抱かせるものがなかったかどうか。女は不潔なものに対して、態度を硬化させてしまう。これは、女の生理的な衝動なのである。

女は、つねに純粋な、けがれなきものに憧れる。男が、不潔な、汚いものを男らしさの象徴と受け入れたとしても、女にはとうていそれは理解できない。汚れたシャツに男らしさ、たくましさを見いだすことはあっても、汚いシーツの上でセックスする気にはとうていなれない。生理的に、セックスが〝汚い〟と思ってしまうからだ。

女は不潔なものから本能的に身を守ろうとする。それは女の生殖本能に根ざした、汚れたものを体内にとりこまないようにしようという母性のなせるわざなのだ。

お金はぜんぶ、彼の払いね！

この前、友人の紹介でつきあったファッション・コーディネーターとかいう男、あれ、どうしようもないバカ。待ち合わせの喫茶店に遅れていったら、「どうぞ」なんて言ってわざわざ椅子、引いちゃって。アタシ、笑いそーになったけど、「あ、どーも」なんてすましてた。で、コーヒー出てきたら、「お砂糖、何杯です?」なんて、砂糖ツボにさじ突っこんで、アタシのカップに砂糖入れる態勢とってんの。こりゃダメだと思って、「あー、もー、好きなだけブチ込んで」って言ってやった。そしたら「あなたって、ユニークな人ですね」だって。あー、たまんない。

いるのよね、こういうバカ。アタシさ、面白いから、その日ずっとつきあっちゃったわけね。店入るときもドア開けたり、歩道歩いてると両手で守ったりと、頑張っちゃってさ。あたりまえだけど、お金はぜーんぶ、彼の払いね。ずいぶん払ってたみたい。だって、高い店入ったもん。アタシ二カ月分ぐらいの贅沢しちゃった。

でさ、彼、最後の店出たときに、「さ、行きましょうか」って言うの。「どこへ?」って聞いたら「丘の上のホテルにリザーブしてあるんです」なんて言って。

でさ、アタシ、彼の目をじっと見つめて「ごめんなさい、今日、私、アレなの」ってニッコリ笑って言った。それでおしまい。彼はタクシー乗って、アタシを置いて帰っちゃったんだけどね、クルマの窓から、「バカヤロー」って怒鳴ってんの。

100 女を口説き落とす、無言の〝殺し文句〟

女はつねに他人の視線を意識する存在である。町を歩いていても、電車の中でも、男の視線が自分に向けられるかどうか気にしている。じっと見つめられたり、通りすぎる男が振り返ったりすると、それだけで体の芯が熱くなってしまうものである。

最近の若い女性の夏の服装にはきわめて大胆なものもあり、肩や太モモ、へそを露出するようなデザインも多い。これも、男の視線を浴びたい、しかもできるだけいやらしい目つきで眺められたいという煽情的な欲求が働いているからだ。女は、本能的に男に視姦されることを望んでいるのだ。

とくに女は好きな男の前ではこの願望が強く、男が自分のことをいつも見つづけてほしいと思っている。そのような素振りを女が見せたら、男にもっと接近してもらいたがっている証拠だ。

もし女が立ち去る途中で振り向き、男が見送ってくれているかどうか確かめるようなら、心はすでに男のものになりきっている。女が振り返ったのは、引き止めてくれない男に対する未練であるという可能性は大いにあると思っていい。

101 女をセックスに没頭させたければ、ここに気をつけろ！

セックス産業がますます過激化しても、古典的なストリップ劇場が生きのびているのは、女が服を脱いでいくプロセスがかぎりなくエロチックであり、それを見たがる男たちがいるからだ。

しかし、気をつけていただきたいのは、ふつうの女は服を脱ぐところを見つめられると、たまらなく恥ずかしいということだ。男から見るといかにも美しいプロポーションの女でも、本人は自分の体にコンプレックスを抱いていたりする。本質的に女は生理的に潔癖感が強く、完全であることをめざしたいという気持ちが強い。とくに自分の体に対しては、頭に思い描く理想的な体型とのギャップを感じている。

また、女はベッドに入る前に、風呂に入りたがったりすることが少なくないが、これは自分の体臭などを気にしているからだ。女は自分の体に対し、男には考えられないような不潔感を抱いている。こうしたときに強引に抱いたりすると、やはり羞恥心からセックスを充分に楽しめないことがある。女を攻めるのに強気は大事だが、これも臨機応変にふるまってはじめて性感は高められるのだ。

102 女に自分から進んでフェラチオさせるには?

クンニリングスやフェラチオといえば、セックスのさまざまなテクニックの中でも、いちばん羞恥心を呼び起こすものだ。それは、本来なら性器同士インサートされたり(したり)する部分を、口で愛撫するということに由来するにちがいない。さらには排泄器官に近い、あるいは兼用しているといったこともあろう。

ところが、そうであるがゆえに、たとえば女性の場合ならクンニリングスをしてくれた男に対しては、深い感動を覚えるのである。

もちろん、フェラチオをされた男もそれは同じだ。「私のためにこんなことまでしてくれた」という感懐が、逆に「それなら私もしてあげよう」というシックスナインがあるのは、必然的な結果なのである。

そこで、クンニリングスをしてやるときには、ありとあらゆるテクニックを駆使し、徹底したサービスにつとめてやるといい。

ときにはアヌスまで舌を伸ばすのもいい方法だ。女の感動はますます高まること必至である。

「女の弱点」を攻める刺激法

女がたまらず声をあげてしまうテクニック

膣、クリトリスは唇、舌などで
乳房、腰は手の指で揺らす
ヘソ、わきの下は吸う
腕や太ももは摩擦する
恥骨や指は、指で押す
YEAH

103 女の欲望をかきたてる、男の「最大の武器」とは?

女は、男の世界に対して無条件に近いあこがれを抱いているものである。女性には、生来のペニスコンプレックスがあるといったのは、かのボーボワールだが、ペニスにかぎらず、男性的であることはことごとく女の望むものなのである。

男はそのことをよく理解して、女の願望を満たすようにしてやるといい。たとえば、女の前で自分が人生を賭けている仕事のことなどを、熱っぽく情熱をこめて語るようにするのだ。女は、今まで知らなかった男の世界の話に、グイグイと引きずり込まれ、女同士では知らなかった未知の世界への魅力と、男に対する憧れをダブルイメージさせ、ついにはあなたに心を開かざるをえなくなってしまうはずである。

男の語るセリフの一言一言が、女の官能をあたかも快い音楽が体を包みこむように、いやおうなく高まらせてしまう。そして女は、「いつかこんな男に抱かれたい」と妄想をたくましくするはずである。

強烈なピストン運動、とどまるところを知らないクンニリングス。女の欲望は男性的な男のみが高めることができるのである。

104 女に深い愛情を抱かせる後戯のテクニック

女に言わせると、セックスのあとでさっさと寝てしまう男の姿ほど憎たらしいものはないそうだ。そんな男に身をまかせたことを後悔することさえあるという。

セックスの過程は、医学的に分析すると、興奮期、平坦期、絶頂期、後退期という四つの局面をとるが、細かく見ると男女ではいくつかの点で異なっている。まず、女はオルガスムスを迎える絶頂期が男より遅れる場合が多い。しかも男が行為を続けることが可能なら、何回でも絶頂をくり返す。次に、快感が消失する後退期が、男は急速なのに対して、女は興奮がしずまっていくのに長い時間がかかる。持続力はあるていど精力の違いによって決まってしまうが、問題はセックスのあとの後退期である。ゆるやかな女の快楽の下降曲線に男が同調してやると、女は相手の男と精神的な一体感を覚え、相手がたまらなくいとおしくなってくるのである。

つまり、男は射精したあともペニスを抜かずに、そのまま女の体内にとどまっているる。時間の経過とともにペニスが縮んでいくが、それは女の快感が鎮まるペースと同じなのだ。これが後戯としてもっとも効果的なのは、そのためである。

105 女が知らないこんな性感帯を開発しろ！

動物の毛、ひげはことごとく触覚をもっている。猫がそのひげをセンサーにして狭いところを走り回るのはよく知られていることだ。人間も動物であるという視点に立てば、人間の触感もこの毛の部分がもっとも敏感である。もちろん、毛そのものには神経はないのだが、そのつけ根、根毛の部分は、外部からの刺激に感じやすい。このことを頭に入れておけば、女に対する愛撫も効果的におこなうことができる。

たとえば、女の髪を撫でながら、そのつけ根の部分を刺激してやる。また、わきの下、性器の周囲の陰毛にていねいに舌を使ってやると、女の性感を高めてやることができる。また、人間の体には、目には見えないが無数のうぶ毛が密生している。いってみれば、このうぶ毛の一本一本のつけ根が触覚なわけだから、女の体は、全身が性感帯と言われるのも当然である。

とくに、うなじ、へその周囲、耳たぶの後ろなど、うぶ毛が密生しているところは、指先でくすぐったり、熱い息を吹きかけてやるといい。女は、ふだん自分では気づかなかった感触の意外性に、たまらず声をあげてしまうはずである。

女を落とすチャンスはここでわかる

こんなとき誘えば女は拒否できない

女がモヤモヤした気分を感じると
肌が荒れて吹き出物が目立つ
生理直前、肌が少しきれいになるときが
もっとも性欲が強い

106 デートのときにさりげなく乳房を攻める方法！

女の性器、および乳房の部分は〝純性感帯〟といい、もっとも敏感に反応するところだ。とくに乳房のまわりには集中的に性感帯が集まっているので、この部分に触れられると、女は激しい反応を起こすことが多い。男はこの部分に刺激を与えてやることで、女が自分にどう反応するのかを読みとることができる。

デートのときなど、女を抱きかかえるようにして乳房の横に手を回して歩くといい。歩行の振動で上下・左右に体が動くので、自然と手が女の乳房をマッサージしつづける結果になる。もし、その状態を女が拒否しないようだったら、女は乳房への愛撫を受け入れているも同然で、そのままベッドインOKの意思表示と思っていい。

逆に、女がそれをいやがるようであったら、無理に続けることなく一度中断し、しばらくたってから、再度触れるようにする。

精神的には否定していても、物理的な接触で、女の生理は高まっている。一度中止して、心の緊張がとけたところで再び触れてやれば、女はそれを自分から受け入れる公算大である。乳房は女の欲望のバロメーターと覚えておくといい。

107 AVのようなワイセツなポーズを彼女にとらせるには？

女は、連続的な愛撫で攻められると、最初のうちは恥じらっていても、最後にはどんなあらわなポーズ、要求にも応じてしまう。これは女の意識が、感覚的な刺激の連続に弱いからである。逆に言えば、セックスをしている最中、パンティを脱がせるための中断とか、男がコンドームをつけるための中断があると、女は男からの攻撃がとまるため、その瞬間、理性をとり戻してしまう。その中断のシラケのため、せっかくのチャンスをフイにしてしまった男は多いはずだ。

それを防ぐためには、男は女を攻めるときは、中断なく攻撃を続けるようにすることだ。愛撫、キス、インサートと続くそれぞれの行為をスムーズに運ぶ努力をするのである。とくにセックス中に体位の変化をつけるときには、このことが大事だ。

正常位から後背位、座位と変化するとき、その流れがギクシャクしないように注意を払う必要がある。これをスムーズに運ぶことができれば、最初は普通のおとなしい体位にしか応じない女も、その連続行為の最後の段階では、当初考えもつかなかった激しいポーズに夢中になって応じてしまうのである。

108 こんな「意外性」が、女をより興奮させる！

セックスとは意外性である。この意外性のないセックスには、男も女も深い喜びを感じられない。たとえば、男にとってセックスとは、着飾ってとりすました女の表皮を一枚一枚はぎとっていき、最後に獣である女の肉体に到達する過程である。

男にとって喜びが深いのは、表皮をはぎとる前の清純な女と、はぎとったあとのセックスそのものである女との落差が大きいときだ。つまり、そこに意外性があるため、男は興奮するわけだ。

そのメカニズムは女も同様で、たとえば男が自分のアヌスや足の指など、ふだん思ってもみないところに舌をつかってこられると、女はその意外性の前に、あられもなく興奮してしまう。よく女が「イヤ」といって声をあげるのは、その意外性に興奮していることの証明である。ほとんどの女は、そこまでしてくれる男に対して、狂ったような高ぶりを見せ、ふだんでは考えられないほど積極的になってしまうだろう。そこまでいかなくとも、目、足の裏、指、わきの下など、女がアッと驚くような部位を巧みに攻めるだけでも、非常に効果的である。

生理の最中のセックスって素敵。

夫は人一倍欲望が強い男。のべつまくなしに私を求めてくる。昼といい夜といい、休む暇がないくらい。台所で料理していると、私のスカートをたくしあげて、硬くなったモノをゴリゴリと押しつけてきて、どんなに拒んでも結局はされてしまう。お風呂に入っていても強引に入ってきて、その場で必ず一回はする。夜はもちろん連夜のお務め。朝はなんだか腰がだるくて起き上がる元気もないくらい。彼とは結婚して二年になるけど、しなかった日は両手で数えるほど。ときどき、もういいかげんにしてと思ってしまうくらいだ。

でも、生理のときのセックスのすごさを思うと、そのくらいの疲労はなんでもない。あのケタ外れの刺激を失うぐらいなら、すこしぐらい腰がだるいのもガマンできる。彼、私が生理のときでも平然と挿入してくる。このセックスは刺激的だ。

どういうわけか、生理のときは、私の欲望もボルテージが上がるらしく、ふだんは使わない腰も狂ったように使ってしまう。しきりに出たり入ったりする、血に赤く染まった彼のペニス。こんなにすごい見ものはめったにない。とどまるところなく動きつづける夫のペニスを見ているだけで、私は二回も三回ものぼりつめてしまう。ふだんなら三回の回数も、五回、六回と倍増する。生理中のセックス、この喜びだけは私が女でなくなる日まで失いたくない。

109 こんな甘いささやきが、女を「動物」にする！

男のほめ言葉というのは、女にとって一種の心地よい音楽のようなものだ。それが事実かどうかなどはどうでもいい。ただ、耳ざわりのいい言葉が、間断なく女を包みこむとき、女はたまらず、うっとりとその〝音楽〟に陶酔してしまう。よく、女が「ウソでもいいから、甘いことを言ってほしい」というのはこのためだ。

この〝音楽〟がくり返し彼女にささやきかけられると、彼女の大脳皮質は確実に反応し、そして、その反応は間接的な刺激となって彼女の生殖器に伝わっていく。とくに、耳もとに口を近づけて息をそっと吹きこむようにしてささやきかけると、女は知らずしらずのうちに性感を刺激され、興奮してしまう。

よく、耳もとに話しかけられると、やたらにくすぐったがる女がいるが、これもまったく同じ理由からで、言葉が一種の愛撫となっているわけだ。彼女とベッドをともにしているときは、この効果は非常に働く。女の耳もとに、「キレイだよ、愛してる」とか「可愛いよ、ステキだ」と、しつこいぐらいくり返してやるといい。女はその攻撃に、耐えきれず、ベッドの中で驚くほど積極的にふるまってしまうだろう。

110 彼女をひとり占めにするとっておきの方法

女は何でも知りたがる好奇心のカタマリのような生き物だ。とくに、人が他人に知られたくないことには、それを知ろうと異常な執着をする。個人的な秘密、弱み、悩み、恥といったことに立ち入って知りたい気持ちをおさえることができない。

というのは、女はそうした他人の個人的な秘密を知ることによって、その人間を支配した気分にひたることを本能的に好むからである。とくに、自分の気のある男の秘密、カゲを知ると、女はその男に強烈な親密感を抱く。この人は自分のものという気持ちになりやすいのである。だから男性は、そうした女性の気持ちに応えて、自ら進んで自分の秘密やカゲの部分を彼女に教えてやるといいようだ。

もちろん、教えるといっても、何から何まで教えてやる必要はない。ほんのチラリとサジェスチョンするだけでいい。それだけで彼女は男の知られていない一面を自分だけが知ってしまったような錯覚を抱き、男に強い独占欲を抱き、彼のことをもっと知りたいと渇望するようになる。ついには彼女は最後の最後まで知ること、すなわち、男の肉体のすべてを知りつくしてしまいたいと願うにちがいない。

111 セックスの最中に女が「イヤ」と言ったときは?

男が、女のセックスについていちばん誤解しているのは、女も、男と同じようにクールな気持ちでセックスをしているという認識である。つまり、男がセックス中でも仕事のことや趣味のことを考えられるのに対して、女はセックス中は頭の中がカラッポになっていることを知らないのである。

だから、こちらの愛撫を受けて「いやあ～ん」とか「やめて!」などと女から言われると、すぐ動きを止めてしまう。「どうして? 痛いのか」などとたずねたりさえする。しかし、これは女にとって気持ちをシラけさせる以外の何ものでもない。

セックス中、女の頭はカラッポだということは、そのときに発する言葉など、じつは何の意味もないということなのだ。客観的には意味のある言葉かもしれないが、実質は単なる音声、つまり「ア～」とか「ウ～」とかいったものとまったく同じなわけである。

むしろ逆に、声を出していることは、その女が快感を感じていることを示しているのだから、その愛撫をさらにエスカレートさせてやればいい。

112 彼女にもっとハードなプレイに応じさせるには？

つきあいが長くなると、なぜか彼女の心がしだいに離れていくような気がする時期がある。しかし、実際は、女は一度男と深い関係になったら、男に比べてなかなか目移りしない。むしろ単調なパターンをくり返すことに喜びを見いだしさえする。

女が単調な生活にのめり込むのは、そこに安定があるからだ。セックスにしても何にしても、つねに受身の存在である女は、何よりも自分の身が落ち着いていられる場所を求めている。男がセックスを最終目的として、いったん寝た女にはそれ以上の興味を示さないのに対し、女はセックスによって、さらにその男との未来を永遠に持続しようと望む。これが、女は抱くたびに歓びを高められ、性感が開発されていくと言われるゆえんである。男は相手の新しさによって性感が高まるが、女は、相手との結びつきの深さに歓びを覚えるものなのだ。とはいっても、まったく単調というのでは、あきられるのも事実だ。安定した中でのちょっとした刺激に女は弱い。互いに全然違う人物を演出してみるとか、つきあいの長い彼女にはＳＭプレイをしてみるのもいい。思わぬ展開に異常に燃えてしまい、あらぬ嬌態をとってしまうのだ。

Step5

女を虜にして思いのままにする29の法則

——モテる男になるために絶対必要な知識とは？

113 彼女を絶対に他の男にやらないセックスとは?

女は意識の表層では、セックスに汚いイメージを与えたがらないものだ。セックスとは愛の結果であり、美しいものというイメージを抱きたがっている。ポルノ写真などを見せつけられると、女が「気持ち悪い!!」と言って拒否するのはそのためだ。

しかし、女は意識の深奥では、それとは反対に、セックスに対してドロドロに汚れたイメージを抱いており、その印象が強烈であればあるほど、強い快感を抱くものだ。とくに生理中のセックスなど、その傾向が強い。

生理中のセックスは、女に強い快感を与える。生理学的に見れば、女は排卵の直前に、もっとも発情ホルモンが高まり、欲望が強くなる。生理中には発情のレベルは低いのだが、心理的に生理中は妊娠しないという安心感があるため、精神面から強く発情するのである。妊娠しないという安心感が、女をセックスに開放的にさせるわけである。また、女は自分がけがらわしいときに抱いてくれる男には、「こんな汚い私でも抱いてくれる」と愛情の深さを感じ、セックスにも積極的になる。

女は、生理中のセックスに応じてくれた男を二度と忘れなくなるものなのである。

114 「男を知ると女は美しくなる」のはなぜ？

男ができると女は美しくなると言われているが、これは生理的な面と心理的な面の作用による。男の精液の中にはコリンという物質が含まれているが、セックスをすると、これが女の膣から吸収されて自律神経を刺激する。すると皮膚がみずみずしくなり、毛細血管が膨張して体にほのかな赤みがさすようになる。

新妻が美しいのは、このような生理的メカニズムが働いているためだが、残念ながら次第に膣からの吸収率が悪くなるから、いつまでもこのみずみずしい肌を保つわけにはいかない。

かくも、女の体は男によって大きく影響されるのだが、心理面で言うなら、女はセックスにおいて、男に膣を征服されると、精神的にも男に支配されてしまうという弱点をもっている。動物の世界では、弱いメスが強いオスに対し、尻を見せてセックスを受け入れるポーズをとるが、これは精神的な服従を表わしていると言える。

人間もこれと同じで、女性が男性を受け入れているときは、絶対的な被支配の状態にある。そんなときは、どんな言葉でも女は心のうちに深く受け入れるものだ。

115 「力強い男」がモテるのにはこんな理由があった！

ロシアの生理学者メチニコフ博士の学説によれば、女性の処女膜とは、人類の滅亡を防ぐためのものに他ならない。処女膜は、膣に注入された精液を外にもらさずしっかりと受けとめるためのものという。つまり、貧弱なペニスから勢いなく放出された精液でも何とか受けとめようということだ。かくも女は生殖行為を重要視する。

逆にいえば、このことから女はいかに強い男性を求めているかということがよくわかると思う。強さというのはペニスにかぎらず、腕力、知力、気力など、そのすべてに及ぶ。女を誘うときに、自信なくオドオドとしているような男性は、女をひきつける力がない。それとは反対に、女に対して「ボクとつきあってくれ」と力強く断定的に宣言できる男には、どんな女でも心動かされてしまう。

男と女との会話には、残念ながら処女膜はない。力弱く放たれた言葉は、精液のように受けとめてはもらえない。最初から、女の心の中に、精神の精液を注入するつもりで勢いよくつきつけなければならないのである。女の心にはげしくつき刺さる男の言葉は、女の心と体をいやおうなく高ぶらせてしまうものなのだ。

ちょっと待った！　Hのまえに❶
女にセックスを迫るときのエチケット

コンドーム
もっとも安全率の高いコンドームは、つけるタイミングが重要

ピル
百パーセントの避妊薬。日本では、ようやく解禁された

オギノ式
生理周期による〝安全日〟は、生理まえ一週間ほどだが、狂うことが多くあてにならない

116 なぜあんな「乱暴な男」に美人の女がついていくのか？

女がセックスアピールを感じるのは、どこか強引で暴力的なところを隠しもった男性だ。たとえばラブホテルに入るのでも、くどくどと相手を説得してから合意のうえで入ろうとする〝やさしい〟男より、女の手をつかんで、うむを言わせず入ってしまうようなタイプの男のほうに女は黙ってついていく。

これは、前項で述べたような理由の他に、力がすべてであった原始社会以来、女は男の強さに甘え、依存することによって生きてきたため、男に対してつねに精神的、肉体的に受け身の姿勢でいることもあげられる。とくにセックスの場合、この傾向は顕著だ。

最近は、ものわかりがよく、何をするのでも彼女と納得ずくのうえで、といった〝やさしい〟男が増えてきているようだが、ただ、やさしいだけの男は、女にとってはただのお友だちにすぎず、身も心もまかせられる相手にはならない。女は自分を強引に犯してくれるイメージをもった男を求めているのである。いざベッドインというときは、このことを頭に入れて、意識的に強引にふるまうのもひとつの方法だろう。

117 女の独占欲を利用して離れられなくする方法

「愛は失ったときにその大きさがわかる」というのは小説のフレーズだが、女性の場合は、とくにその傾向が強い。これは女性特有の独占欲に根ざしている。女は生理学的にひとりの男を永久に独占したがるものだ。

その極端な例が昭和初期の社会風俗をにぎわせた阿部定だが、男根を切り取って持ち歩くという彼女の異常な心理は、本質的にはどんな女性も心の底に秘めている。

そのような女の生理をうまく利用すれば、なかなか心を開こうとしない女を一気に自分のほうへ引き寄せることができる。

たとえば、二人の関係がどうしてもそれ以上進展しないといった場合は、この方法が強力な効果を発揮する。それまで頻繁にかけていた電話を突然かけるのをやめ一カ月くらい顔を合わせないなど、いったん相手の女性から撤退してしまうのである。

すると女はそれほど好きでなくとも、何かものたりない感じを抱き、やがて時間がたつと無性に会いたい感情が高まってくる。そこを狙って久しぶりに再会すれば、女の心と体は以前と比べてより大胆にあなたに近づいてくるにちがいない。

118 競馬場、パチンコ屋だって意外な〝デートの穴場〟！

女は未知の世界に入ると強く緊張するため、どうしてもそばにいる男を頼りにしたくなる。昔からよく言われていることに、女と親しくなりたかったら、お化け屋敷に連れていけというのがある。恐怖にかられた女が、男にしがみついてくるのを期待してのことだ。お化け屋敷を出たあとも、男を頼りにしたメンタルセットはそのまま残るわけで、以後スムーズに彼女との関係を深められることが少なくない。

競馬場、パチンコ屋、高級クラブなど、ふだん、女の知らない、しかし、女が好奇心を抱いている場所はけっこう多い。そういうところに彼女を連れていってやるのもいい。ふだんはそれほど親密に感じていない相手でも、そんな世界の中ではとても頼りになる気がしてしまうし、また実際、頼ってしまうことになる。そして、頼ることのできる男の前では彼女は警戒心を解き、おのずと心と体を開いていくことになる。

ただし、こうした場所に彼女をつれていったら、彼女が不安にならないよう、万全の注意を払ってやることが必要だ。恐怖感や不安感だけが残って、男性に対する依頼心が生じないようなエスコートの仕方は逆効果である。

119 女は、グチをこぼす男に抱かれることなんて想像できない！

ラマルクの用不用説というのをご存じだろうか。人間の体の部分で、使わないところは徐々に退化し、最後にはなくなってしまうという生物学上の学説である。猿やチンパンジーにはあるシッポはその好例で、人間のお尻あたりには骨格だけシッポのなごりがあるが、実際にシッポはない。女性の処女膜なども、考えてみれば別に役に立つわけではなく、もうそろそろ退化して姿を消してもいいのだが、いまだにキチンと残っている。このことについて友人の心理学者が興味深いことを言っていた。

処女膜というのは、生理的にはいつ消えてもおかしくない存在だが、心理的には十分に存在根拠があるのだそうだ。それは、女性がいつの世になっても、処女膜を突き破ってきてくれるような強くてパワフルな男を欲しているからだというのである。

なるほどと思ったが、女はつねに自分より強い男、パワフルな男に抱かれたい、保護されたいと考えている。にもかかわらず、女の前でグチをこぼしたり弱音を吐いたりするようでは、それだけで、女は、この人はアテにできないと判断してしまうだろう。そういう男に守ってもらおうとは決して思わないにちがいない。

120 彼女への手紙やメールには、何を書くと効果的か?

女性を口説くのに電話より手紙のほうが有効なことは多い。とくに遠く離れている場合や、気まずい思いで別れて電話をしにくい場合などだ。が、苦労して書いたのに、ナシのツブテ、待てど暮らせど返事が返ってこないというケースは少なくない。こうした場合はほとんど手紙の内容に問題があることが多い。

そもそも女性は直感的である。男を見る場合も一目で好き嫌いを判断して、あれこれ考えない。男から受けとる手紙に対しても、一読するだけで男の気持ちを自分なりに解釈してしまう。つまり、行間を読みとるか、二回も三回もくり返し読んで真意を理解しようということはまずない。そんな女性には、こむずかしい理屈を書いても伝わらない。また、歯の浮くような言葉も直感的にウソを読みとってしまう。

女性から手紙をもらった人ならおわかりのように、彼女たちの文章はきわめて単純明快だ。女性に出す手紙もそのレベルにとどめるべきだ。手紙は何よりも、「出す」という行為自体に意味があり、下手な言葉はその効果をかえって減じてしまう。巧みに手紙で攻められるだけで女がその気になってしまうことは、万葉の昔からある。

ちょっと待った！ Hのまえに②
女にセックスを迫るときのエチケット

ペッサリー
膣内に挿入し、精子が子宮内に入るのを防ぐもの

ゼリー
局所適用避妊薬の一種で、射精直前に膣に挿入する

膣外射精
射精直前に抜き出す方法だが、失敗が多い

121 自分を強く印象づける「旅先からの手紙」作戦

女は子宮でものを考える、という言葉があるが、そこに女性の行動や考え方の特質がズバリ言い表わされている。その意味でどんな女も生理学的な枠にしばられているのである。「女は港、男は船」という言い方も、そんなところからきているわけだ。

しかし、それだからこそ、女は心の中でいつも自分がいまいる場所から脱出したいという欲求を抱いている。力強く自分を連れ去ってくれる男を心に思い描くシンデレラ願望は、あらゆる女性の潜在的欲求なのである。

そんな心理を巧みにつくのが、遠い旅先から女性に手紙やハガキを出すことである。自分が行ったことのない土地から届いた一枚の絵ハガキ——それは自分を閉鎖的な世界から解放してくれる手がかりになるかもしれないし、その男は手を差し伸べてくれる白馬の王子様かもしれないと思うわけだ。すると、いままでは数ある男の中の一人としてしか意識していなかったのが、心の中でにわかに大きな存在になってくるという心理的な変化を生じるのである。男が旅から戻ってくる頃には、女は大きな夢と期待を抱きながら男を待ちこがれているにちがいない。

122 ファザコンの女性には、こんな「父性」をアピールしろ

男性のマザーコンプレックスほど問題にされることは少ないが、女性にはファザーコンプレックス、つまり父親に対する屈折した愛情が心の底に潜んでいるものだ。

幼児期の女の子にとって、父親は、力強く、しかも優しい存在であり、自分を保護してくれる絶対的な存在である。大人になるにつれて、実際の父親に対する見方は変化してくるわけだが、原体験として心の中に植えつけられた父親像は、理想の男性像として、女はその後もひそかに抱きつづけているものだ。

そして年ごろになって異性を求めるときは、この父親像にオーバーラップさせて相手を見定めようとする傾向が強くなる。このことを考えると、一般に女性にモテたいと思うなら、男性は力強さと優しさの両方を兼ね備えておくことがのぞましい。

この優しさと力強さをほどよく女性に表現するには、クルマを使ったデートは最適だ。男に保護されたいという女の気持ちを十分に満たしてやることができる。

また、前述したようにクルマの単調な振動、カーステレオの心地よいリズムは、女をうっとりさせる。クルマでのデートはセックスに結びつきやすい。

123 彼女に、無意識のうちに自分を受け入れさせるには?

清水の舞台から飛び降りるような気持ちで、思いきって女に愛の言葉を告げたのに、何の反応もないなどというときは、なんともやるせない気持ちになるかもしれない。しかし勝負はそのときから始まると考えたほうがいい。

女の特質のひとつは、その〝保守性〟にある。女は一般に男と比べて、新しいものより、慣れ親しんだものに愛着を抱く傾向が強い。これは、子を産み育てるという女の性ゆえに生じる本能と言えるが、それゆえに男の愛の言葉を突然聞いたときに、即座にそれを受け入れるということができないものだ。

だから、一度言って断られたからといって、あきらめるのは早計だ。何度も何度も愛の言葉をくり返してやることで、女は次第にその言葉を心と体に受け入れていくものだからだ。

愛の言葉のみならずセックスを暗示する言葉も、女と会うたびにつねにくり返していると、いつしか女がそれを抵抗なく心に受け入れるときがくるものだ。そのとき抱くことを女に告げれば、女も無言でそれに応じてしまうにちがいない。

124 どんな女にも、中年男に騙される心理的スキがある！

前々項で紹介したように、通常、女は自分の理想とする男の像に父親をオーバーラップさせているものだ。ファザーコンプレックスの度合いが強いうちは若い男に見向きもしないわけだが、これでは若い男はお手上げである。マスクがよかろうが、体格がよかろうが、性格がよかろうが、そんなことはまったく関係なく拒絶にあってしまうのだから、男としては手の打ちようがない。

そこで、相手の女がファザーコンプレックス風であれば、できるだけ大人びた言葉遣いや行動パターンをアピールするように心がけるといい。

とくにデートのときなど、心の底ではどんなに欲望が高まっていても、そうした雰囲気は毛ほども見せないことが肝心だろう。

父親とほぼ同年代の男といえば中年である。ふつう中年男性は、ギラギラした欲望を表に出さないものだ。それを若いあなたも踏襲するわけである。何回かそうした姿勢を見せておき、チャンスを狙って誘いかけると、女の心にある父親像が逆に作用し、あえなく陥落となるわけだ。

125 女の弱さにつけこむ悪用禁止の口説き方

どんなに強気の女でも、ピンチに立ったときには無意識のうちに男の助けを期待しているものだ。その相手は誰であろうと、自分の窮地を救ってくれた男にはたのもしさを感じ、ついつい気を許してしまうものなのである。

女は自分が弱い存在であることをよく知っている。その弱さを人に見せまいとして、一人前に仕事をしたり、強がったふるまいをするものなのだ。ところが、ちょっとした拍子に本来の弱い面が出て、自分からピンチに陥ってしまうことがある。

そういうときに手をさしのべてくれた男に、女は言いようのない優しさと大きさを感じて、フラフラと身を預けてしまうことがある。そんな女の弱みにつけ込んでたぶらかす、悪い輩も少なくないが、それは、とりも直さず、女がピンチを救ってくれた男に弱いという証拠だろう。たとえば、女が仕事でミスをして上司から叱られているときにフォローする。女は、ダメージを免れるばかりか、男のたのもしさを目のあたりにして、グッとくる。そんなとき、すかさず誘いをかければ、女は「そんなに私のことを思ってくれてるのね」と身を熱くしてしまうのである。

私の兄は理想主義者なんです。

私の兄は、女子高で数学の教師をしてて、今年で三二歳になるんですけど、まるっきり女っ気なし。どういうワケか女のコが寄りつきません。足だって長いし、顔だってちょっと原田龍二に似てて悪くないと思うんだけど。妹の私がさっさと結婚したのに、兄の方はそのありさまですから、親が心配するのもあたりまえです。「お前、正己（兄）にいい人を紹介してやってくれないかねえ」と母が相談してきたのも、「見合いはイヤだ」の一言で、兄が縁談を次々と断わってしまうからです。

私は、高校時代からの親友典子を紹介しました。典子は今年で二七歳、K大卒と頭はいいし、顔もメガネをはずせば魅力的です。でも兄ったら、「そんなババアはダメだ」なんてひどいことを言って……。もうすこしで親友を傷つけるところでした。

夫に相談して、夫の友人の妹さんのS子さんを紹介しました。二三歳で、商社の秘書課に勤めるスタイルのいい美人です。一、二回デートしたら、これもダメ。「短大卒じゃもの足りないよ」ですって。

私も「あ、これはダメだ。誰をつれてきても気に入らないだろうな」と直感しました。どんな女性でも、きっと何かの欠点を見つけて、受け入れようとしないでしょう。もしかしたら兄は女性を知らないのではないかと思います。このままでは、結婚なんてできないと思うのですが……。

126 女の心と体の弱点は、好きな女性雑誌を見ればわかる！

よく、女にモテる男ほど、とにかくマメだということが言われる。このマメだという言葉は、ただ単に、女によく電話をかけるとか、デートの回数が多いということを意味しているのではない。天才的なプレイボーイは別として、じつによく女性の心理や生理を勉強しているということでもあるのだ。

「そんなことは、私もやっている」と口をとがらせる人がいるかもしれない。しかし、そうした男性によく話をきいてみると、たいがい「スコラ」とか「ビッグトゥモロー」などといった男性誌を読んでいるといった程度である。たしかに、この種の男性誌の多くは、「彼女の心をつかむとっておきの方法」とか、「この一言で、あの子は落ちる！」などといった、もっともらしい記事を載せて読者をふやそうとしているようだ。

しかし私に言わせれば、女の心理や生理は、女性雑誌を直接手に取ってみたほうがよほどよく理解できる。もちろん雑誌によって読者は違うが、あなたが狙った女がどの雑誌を愛読しているかを知るだけで、彼女の欲求水準、性格はわかるはずだ。

127 女が手料理を作ってくれたら、それはモノにするチャンス

すこし哲学的すぎるかもしれないが、女は男に、女として認めてもらうことによって女となる。だから自分の作った料理を相手の男に食べさせるということは、女にとって、その男に自分が女であることを認めさせる絶好の好機である。どんな女でも自分が好意を抱いた男には、自分の手料理をすすめるものだ。

その料理を男が食べてくれる瞬間、女はその男のために自分がいるのだと実感することができ、深い充足感を感じることになる。だから、男は女が作ってくれる料理は、たとえどんなにまずかろうが、「ウマイ、うまい」といって食べてやらねばならないことはいうまでもない。女は、おいしく自分の料理を食べてくれる男のためなら、何でもしてあげたいと思ってしまうものである。また、女にとって、自分の作った料理を男が食べるという行為は、自分自身の肉体が食べられているというイメージを象徴している。これは女にとっては、ひそかな快感だ。敏感な女の中には、料理を食べられているうちに、気持ちが強く高ぶってしまう者もいるぐらいだという。女に料理を作ってもらうチャンスが訪れたら、彼女をモノにするチャンスと思っていい。

128 女が、処女を捧げた男よりも強烈に覚えている男とは？

よく、「女は最初に体を与えた男のことは一生涯忘れないものだ」などと言われる。たしかにその通りで、だからこそ多くの男が、自分の彼女が処女かどうかということにこだわるのだ。もちろん、あまり気にしないと言う者もいるが、それでも彼女が処女でないと知ったときは、心の底では一抹のくやしさを感じているはずである。

しかし、じつは「最初に体を与えた男」よりも強い印象を残すのは、「自分の性感帯を開発してくれた男」の方なのだ。性感帯というのは、セックスをしないことには決して意識できないシロモノだから、それを開発されるということは、自分の未知なものを教えられたことであり、そのことに女はいたく感動を覚えるわけだ。

処女を捧げるということは、ただ単に粘膜があるかないかということでしかない。それゆえ、一生忘れないにしても、その印象の中身は意外に薄いのである。

しかし、女は男に開発された性感帯をひとつのモノサシとして、その後、自分が抱かれる男を測ろうとする。生涯にわたって通用するモノサシだから、それを〝改訂〟させるのは容易ではないのである。

129 女は一度セックスすると、その男を忘れられない！

強姦された女性が、その後も男との関係を続けるという話が、現実にある。なかには処女を奪われたうえに好きなだけ弄ばれ、身を滅ぼしてしまう女さえいる。男には信じられないことだが、それだけ女にとってセックスとは重大なのである。

セックスは、男にはたんなる性器の結合にすぎないが、女にとってはそれだけではすまされず、情緒的な感情抜きにはできないものである。つまり、女は、一度男のペニスを受け入れてしまうと、その男に愛情を感じずにはいられない。それは女性性器の形態からくる本能的なものなのだ。つまり、体内に男を取り入れることは、その男を自分の一部と認識することだからだ。これは、女の行動パターンを見ればおのずと理解できる。それまでちょっとした体の接触にすら敏感であったのに、セックスしてからは自分から手を握ったり、人前でも平気で肩を寄せてきたりする。

女は自分の中に男を受け入れたことで愛情を確認し、それが自信となって大胆になる。「好きな女は、無理にでも犯してしまえ」というのは暴力的すぎるが、真実でもある。ただし同じ理由で、女は基本的にたんなるセックスフレンドにはなりえない。

130 女との間に〝物語〟を作ればゴールは近い！

女は男との間に、二人だけの時間を必要としている。一緒に映画を見て、同じように感動し、二人で旅行して同じ宿に泊まり、同じ食事を食べるというように、あとになって「あのときは、こうだったわね」と語れる彼女と彼だけの〝物語〟が欲しいのだ。

女の自我は、男によって支えられることをつねに欲している。女は自分を支えてくれる、私だけの男と時間を共有することによって、はじめて自分自身の心が満たされ、支えられている満足を覚えることができるのだ。

この二人だけの物語には、当然、他人が入りこむことは許されない。自我の中に、他人が土足で入ってくるも同然だからである。

二人だけの体験、二人だけの時間が重なっていくと、女は男に対して自分のすべてをさらけ出していくことをいとわないようになる。自分の男という個性に全面的に依拠することによって、自我の欠落感を充足しようとするわけである。

当然、セックスもこの法則に従っているわけで、男との物語が深まれば深まるほど、女は全身を男の前に開いていき、驚くほど積極的になるのである。

こんな意外なキスに女は弱い
キスはセックスへの最初の一歩だ

キスの体位にもいろいろある
どんなポーズでもできる工夫をしよう
♥ちゅ〜〜う
ア…アワワ…

131 女のふと漏らした一言が、攻めるキーワードになる!

世の中には異常とも思えるほど記憶力の豊かな人がいて、ときおり驚くことがある。よくもまあ、そんなことまでと頭の中身をのぞきたくなるが、それが自分の身にかかわることだったりすると、驚きは尊敬の念に変わるようだ。

男と女の場合にもそれはあてはまる。女の誕生日と血液型、星座くらいは覚えておくのが当然だが、女が自分でも口にしたかどうか定かでないようなことまで覚えていられると、女は、その男性に対して「すごい人」と一も二もなく尊敬してしまう。女にとって、この尊敬の念は、愛情のひとつの要素であるため、それがベースになって、女との関係がいっきょに進展するということもよくある。

「こんなことまで覚えていてくれたの」というのは、それほどまでに私のことを気にかけてくれていたのかというのと同じ意味なのである。彼女の小学校時代の友だちの話、父親の勤めている会社、彼女が行っている学校でのできごと……なんでもいい、女の話したことはすべて記憶にとどめておくんだくらいの緊張感をもっているのは、女性とつきあうときの大きなポイントになるだろう。

132 体を許さない女には、ウソでも「永遠」と言ってみろ

恋愛映画や「ハーレクインロマンス」のような恋愛小説が女性に人気のあるのは、きまってひとつのパターンを踏襲しているからだ。そこに登場する男女はロマンチックな出会いをし、最後はかならずハッピーエンドで結ばれる。

ときには泣きながらの悲劇に終わることもあるが、これらのワンパターンな恋愛物語に女性がひかれるのは、そこに永遠の愛の姿を投影するからである。女性は永遠であるものに対して強い憧れをもっているものなのである。

これは、女性が結婚に対して強い憧れをもつことにも表われている。生理学的に見ても、女は同じ男と長い時間をかけて愛し、性感を高めるもので、相手が代わると性感が低下してしまうことが少なくない。一夫一婦制とは一人の男を永遠に愛し続けたいという女の側からの強い願望だと皮肉すら言いたくなるが、女を口説くときは、この永遠という言葉が強力な魅力になるといっていい。「いつまでもキミだけを愛する」「ボクの気持ちは変わらない」というフレーズを使えば、女はそこにすべてを賭けても大丈夫だという保証を手にした気持ちになるわけである。

133 流行に敏感すぎる男は絶対モテない！

女は男よりはるかに流行に敏感だ。それは前にもすこし触れたが、女は他人の価値観という座標軸の中でしか自分を確認できないからだ。ひらたくいえば、女は他人が自分をどう見ているか、どう見えるかということだけを考えて生きているのだ。

流行は他人の価値観の最たるものだ。その他人の価値観の基準から外れてしまうことは、女にとっては死ぬより恐ろしいことなのである。それに対して男性は、自分自身の価値の基準によって行動できる。他人が何と言おうがオレはオレ、ゴーイングマイウェイなのだ。女が、流行に鈍感な男に強くひかれることがあるのは、その流行に無関心な態度の中に、男らしさがプンプン匂ってくるからだ。

もちろん、男らしさとは身だしなみなどかまわないことばかり、異臭を放つ不潔さでは、女も近づかないが、妙に流行ばかり気にしている薄っぺらな男は、女に対するセックスアピールに欠けるのも事実である。

女は自分自身にない男性的なものを、男に対して求めている。流行に鈍いことは、かえって有利ですらあると覚えておいていい。

134 彼女の潜在的欲望をひきだすとっておきのテクニック

女がボーイフレンドを自慢するときに、「彼と私はフィーリングがぴったりで」などといったりする。ちょっとしたコツさえ覚えておけば、このフィーリングを合わせることはむずかしくない。多くの場合、女は言葉でよりも、服装やしぐさで能弁に自分を語っているものだ。これは、生理学的にいえば、女が男に選ばれる存在であるところからきている。数ある同性の中から、男に選ばれるためには、外見で注意をひくことが必要であることを、女は本能的に知っているのだ。

たとえば、目の前の男に自分の女としての存在を誇示するときには、髪の毛をかきあげる、ブラジャーの肩ヒモをいじる、脚を組みなおす、などの動作をとる。これをボディランゲージというが、女の気持ちが高ぶって、男の次の行動を期待しているときは、イヤリングや指輪をはずしてもてあそんだり、テーブルの上の調味料入れをいじったりする。このような女性の無言のメッセージを読みとり、的確な行動をとれる男が、すなわち女性にとってフィーリングがぴったりの相手ということになる。そういう男に対して、女は安定して身をまかせることができるのだ。

135 嫉妬心をくすぐれば、彼女の本心が見えてくる

もし、彼女の本心を知りたいと思うのなら、彼女の嫉妬心を刺激してみるのもひとつの方法だ。女は、本能的に嫉妬心が強く、一人の男を得ると、その相手を永遠に所有しようとする存在であるがゆえに、どんなにうまく自分の気持ちをとりつくろえる女性でも、なかなかそれを押し隠すことができない。

たとえば彼女との会話の中で、「キミの友だちのA子、なかなかいいセンスしているじゃない？」などと、他の女性の話をしてみる。「フーン、そうかしら、あたしはそうは思わないけど」とか、「そうね、A子ってあなたのいうとおり、とっても趣味がいいわね」などと肯定、否定にかかわらず、かならず何らかの反応があるはずだ。

その反応をじっくりと観察すると、彼女の本心がよくわかる。あからさまに嫉妬を表に出す女はまずいないとしても、おおげさに肯定したり、また、不自然に無視しようとするなど、ぎごちない態度が針の先ほどでも見られたら、彼女の気持ちに脈があると思っていい。この嫉妬心を巧みに操れば、彼女の心をぐっとこちらに近づけることも可能だ。こんがりと彼女がやけてきたら、もう食べごろと思っていい。

女を攻めるオーラルセックス法
こんなやり方なら女は夢中になる

オーラルセックスのときは
体をきれいに洗うのがマナー

キスのテクニックを応用する
フェラチオのときは
彼女の頭を固定しない

136 巧みに女を口説ける男になるための「練習法」

やれ、「あんなブスはいやだ」とか、「あの女はアタマが悪い」などと、やたら女性に注文が多いのは、まだ、恋愛経験の少ない男性の特徴だ。現実に女性を相手にしたことがないので、極端な理想主義に走っているのである。

これは悪循環だ。女性に対して注文が多く、ああだこうだといっているあいだは、女から振り向かれることもなく、当然、女を口説くこともできない。女と接触する機会もないから、ますます女性に対して観念的になる。モテない男がよくおちいる〝アリ地獄〟である。

実現性のない理想に走るより、現実に足をふまえ、より好みをせず、まずは多くの女性とつきあい、女性の扱い方を身につけることが先決である。女への〝免疫反応〟は一人や二人ではまだ不十分だ。数多くの女とつきあうことではじめて、女に対する強い抵抗力を身につけることができる。

そうして、女にモテるツボどころを知り、女のウィークポイントに精通しておけば、いざ本命が登場したときにも冷静に対応できるというものだ。

137 「女は一押し、二押し、三に押し」って本当?

気の弱い男性は、女性に一度、二度迫って断られると、あっさりとひきさがり、それ以後、彼女の前から姿を消してしまうことが多い。こんなとき、女は安心すると同時にひそかに失望感を味わっている。「もう、ひと押ししてくれてもよかったのに」という気持ちだ。

強引に女に迫ってくる男には、動物のオスを感じさせるものがある。前述したように、男本来の強さ、暴力性がプンプン臭い、女はそんな男をセクシーに感じるのだ。

セックスとは、理性も恥じらいもうち捨てて、動物になりきることだ。女は自分をメチャメチャにする野獣のイメージのある男にひかれる。いつも淡泊でものわかりがよく、理性的にしかふるまえない男が女に魅力を感じさせないのは当然である。

デートにしつこく誘う男は当然いやがられる。しかし、三度、四度と強引につきまとってくる男には、女はつい応じたくなる衝動を心の底にもっている。拒否している相手であればあるほど、このつきあげる衝動は強い。そして、男がそういう相手であればあるほど、セックスのときは狂ったように積極的になってしまうものなのだ。

138 いつも「口説き」に失敗する男の悪癖とは？

男は自慢の好きな動物である。さすがにふだんは自制心を発揮して、露骨な表現は抑えているが、すこし酒でも入るとたちまち、「いやあ、この前、部長から今度のプロジェクトにボクの意見を求められてね」とか、「仕事の量が多すぎてね、時間がなくてたいへんさ。ま、なんとかこなしてはいるけど……」などと、ことさらに自分の能力をアピールしたがったりする。

こうした自慢は、女性にとっては苦痛以外の何ものでもない。というのは、自慢話をする男は当然、相手の同意を求めているわけで、女性にとっては「オレのことをほめろ」と無理強いされているのと同じだからだ。女性は、心理的、肉体的に受身に立つことが多い動物だ。自ら積極的に他人をほめるというのは苦手中の苦手だ。

いい気になって、自分の自慢話にうつつをぬかしていると「バッカじゃないの」と、女に愛想を尽かされてしまいかねない。とくに、自慢好きの男は、自慢するつもりがなくても、いい気になって自慢してしまうことが多い。女ならぬ男のウィークポイントとして、つねに気をつけておくことだ。

139 彼女が抱く「恋のイメージ」にうまく応えるには？

女はつねに男に何かを要求するサインを送りつづけている。たとえば、化粧をしてきれいな服を着たり、思わせぶりなことを言って男を惑わしたりするのは、男に注目してほしいという無言のアピールである。

二人の仲が深くなっても、それは同じことだ。たとえば、「寒いわ」と言うのは『肩を抱いてほしい』ということだし、「眠くなっちゃった」と言うのは、『今夜は一緒に過ごしたい』ということだ。また、公園のベンチなどで、彼女が肩にもたれかかってくれば、『キスしてほしい』ということである。

男は意外に気づかないが、女も男と同様に、二人の仲をもっと深めたいと思っているのだ。しかし、いくら男に抱かれたいからといって、自分から「セックスしましょうよ」と言い出す女はいない。女は自分の要求を決して言葉にしたりはしない。自分の要求が断られても、傷つかないですむ態勢をつねにとっているのだ。

男は女の言外の要求をすばやく読みとり、女の抱く〝恋のイメージ〟に的確に応じてやれば、女は男が何も言わずとも、自ら心と体をさらけ出していくものである。

140 彼女との関係をこわしたくなかったら……

愛する相手を独り占めしたいというのは、恋愛関係にある者ならば当然の心情にちがいない。しかし、その独占欲の内容となると、男と女のあいだで微妙な差があるものだ。たとえば、女は男の〈現在〉だけを独占すれば気がすむが、男は女の〈現在〉だけでなく〈過去〉や〈未来〉も独占しておきたいという気持ちを抱いている。

とりわけ〈過去〉に対する執着はかなりのものがあり、今さら何を言おうと仕方ないにもかかわらず、根掘り葉掘り女にたずねたがる男も少なくないようだ。こういう男を相手にしている女はたまったものではない。

だいたい、〈過去〉まで独占したがるという男の意識のありようそのものがわからないから、そのうち、この男は私の好きなタイプではないなどと、早まった断定さえ下してしまうことすらある。

そこまでいかなくても、自分の過去を知られまいとして、過剰な防衛心理が働き、相手の心を閉ざしてしまうのだ。互いに次元の違った〝戦い〟をして、せっかくの関係をこわしてしまうことほど、愚かなことはない。

お母さんの話ばかりする彼……。

彼は三人兄妹の一番上で、下には妹が二人、父親は早くに病死して、母親の手ひとつで育てられた、そんな家庭環境の人です。このお母さんは、女の私から見てもなかなかのやり手で、もともと資産はあったんだけど、それをうまく活用して、今ではマンション二棟、貸駐車場二十台分の持ち主。年収三千万はくだらない、ホントの中流なんです。女手ひとつでよくぞここまでって、すごいと思うんですけど、やっぱり、どこかに出てきてしまうんですよね、そのしわよせが。

彼、完全なマザコンなんです。デートするたびに、彼のお母さんのことが話題にならない日はなく、口を開くたびに「ボクの母は……」って言葉が飛び出します。私とちょっと意見がくい違って、口ゲンカでもしようものなら、「母なら、そうは考えないと思うよ」なんて言うんです。

お母さんその人は、とってもきちんとした人で、いろいろ教えられることも多いし、私は尊敬しています。でも、子育てだけは失敗したんじゃないかな。

ああまで私の目の前で「ボクの母がどうした、こうした」と言われ続けたら、誰だってイヤになっちゃうと思います。もちろん、お母さんのことは何とも思っていません。立派な人だし。でも、彼の態度だけは許せない気がします。彼の病気、どうにか治らないものでしょうか。

141 彼女に自分の母親の話はあまりしない

女にとって最大の敵は、じつは同性である。女は男の前でつねにただひとりの主人公でありつづけたいと心の底では願っているものだ。そんな彼女の心理をわきまえず、デートで他の女のことを話題にするのは、あまりかしこいやり方とはいえない。

デートの話題に、やれ藤原紀香がどうした、優香がこうしたなどとタレント評をするだけでも、不愉快になってしまう女もいるぐらいだ。男の側にそんなつもりはなくても、女はそれらの女と自分が比較されていると感じ、自分の女としての価値を軽んじられていると思ってしまうのである。

とくに危険なのが、母親や姉妹の話だ。「ボクのママが……」と、一言口にしただけで、彼女は彼に〝マザコン〟のらく印を押してしまう。男の母親とか姉妹は、女にとって生まれるまえからのライバルだ。彼の母親や姉妹が彼の肉親であるという関係は、彼女が逆立ちしたところで乗り越えられないものだ。それだけに彼女のライバル意識は強烈なものになる。女はそういう男には強烈な反発、もしくは軽蔑心を抱いて心を閉ざしてしまい、決してうちとけようとはしなくなるものだ。

本書は、ごま書房より刊行された『女のウィークポイント』を、
文庫収録にあたり改筆・再編集のうえ、改題したものです。

女《おんな》が歓《よろこ》ぶ「口説《くど》き」の法則《ほうそく》

著者　志賀 貢（しが・みつぐ）
発行者　押鐘太陽
発行所　株式会社三笠書房
〒102-0072 東京都千代田区飯田橋3-3-1
電話　03-5226-5734（営業部）03-5226-5731（編集部）
http://www.mikasashobo.co.jp
印刷　誠宏印刷
製本　宮田製本

 ISBN978-4-8379-6064-5 C0111

王様文庫

女性100人に聞いた「魅力ある男」の条件

潮凪洋介

「やさしい」と「しつこい」の分岐点は？　女性が「この人って頼もしい！」と感じる瞬間は？——多くの男性が勘違いしている、「女に好かれる男」46のポイントがわかる！　女性に好かれるには、女心を知るのが一番の近道。本書はそんな「女性のホンネ」を集めた一冊。

怖いくらい当たる「血液型」の本

長田時彦

A型は几帳面、O型はおおらか——その〝一般常識〟は、かならずしも正確ではありません！　でも、一見そう見えてしまう納得の理由が〝血液型〟にはあるのです。血液型の本当の特徴を知れば、相手との相性から人付き合いの方法までまるわかり！　思わずドキっとする〝人間分析〟の本。

ワルに学ぶ「実戦心理術」

ライフビジョン21

怠け者なのに能力があると認められる、失敗しても不思議と上司に気に入られる、口べたなのにいつの間にか話の中心にいる——ビジネスで恋愛で成功する人が実践している、心理を見抜き人を操る、驚くべき世渡りのワザがすべてわかります！

K30060

王様文庫

Happy名語録《しあわせめいごろく》

ひすいこたろう＋よっちゃん

口にする言葉がすべて〝現実〟になるとしたら……？　本書は天才コピーライターが、毎日が「いい気分」でいっぱいになる〝魔法の言葉〟を選び抜いた名言集。読むだけで人生の流れが変わり、「心のモヤモヤ」が晴れていくのをきっと実感できるはずです！

3日で運がよくなる「そうじ力」

舛田光洋

10万人が実践し、効果を上げた「そうじ力」とは――①換気する②捨てる③汚れを取る④整理整頓⑤炒り塩、たったこれだけで、人生にマイナスになるものが取りのぞかれ、いいことが次々起こります！　お金がたまる、人間関係が改善される……etc. 人生に幸運を呼びこむ本。

一生お金に困らない「貯金生活」ができる本

池田武史＋貯金生活研究会

年間100万円、10年で1000万円貯める方法とは？　絶対トクするお金の知識から、節約生活の方法、投資入門、余裕の生活ガイドまで満載！　「元手ゼロ」から雪ダルマ式にお金が貯まるマネープラン！

K30083

大切な人の心を離さない
「かわいい女」63のルール
里中李生

なぜか気になる、なぜか会いたくなる、なぜかほうっておけない……男がそう思う瞬間とは？　仕草や言葉とは？　恋の始まりから結婚まで、女が知らない「男の本音」がズバリわかる！　あなたを一番幸せにする相手を見つけ、その人に愛されるために、今すべきこと！

恋の心理法則50
伊東　明

男が求める〝つきあいたい女〟〝結婚したい女〟の共通点は何か？「男と女の心理学」が専門の心理学者が〝恋愛心理の秘密〟を教えます！　＊愛する女と愛される女、どちらが幸せになれる？　＊手に入りそうで入らない女は魅力的　……いい恋愛ができる女には理由がある！

1分間で心がすっきり晴れる本
宝彩有菜

ちょっと落ち込んでしまった夜、なんとなく元気が出ない朝、パラパラっとめくってみてください。気になるフレーズが必ず見つかります。それがあなたへの「答え」です。読めば1分かからないかもしれません。気持ちがスーッと楽になるのがわかります。